ANALYSE ORATOIRE

DU

PLAIDOYER DE CICÉRON

POUR

LIGARIUS,

AVEC LE TEXTE LATIN,

À L'USAGE DES CLASSES DE RHÉTORIQUE ET D'HUMANITÉS.

Par l'abbé Marcel,

ANCIEN PROFESSEUR DE RHÉTORIQUE.

Seconde Édition.

A PARIS.

Chez
- HACHETTE, rue Pierre-Sarrazin, n.º 12;
- MEYER, rue du Pot-de-Fer-Saint-Sulpice, n.º 8;
- BRUNOT-LABBE, quai des Augustins, n.º 33.

1833.

ANALYSE ORATOIRE

DU

PLAIDOYER DE CICÉRON

POUR

LIGARIUS,

AVEC LE TEXTE LATIN.

A L'USAGE DES CLASSES DE RHÉTORIQUE ET D'HUMANITÉS.

Par l'abbé Marcel,

ANCIEN PROFESSEUR DE RHÉTORIQUE.

A PARIS,

Chez { HACHETTE, rue Pierre-Sarrazin, n.º 12,
MEYER, rue du Pot-de-Fer-Saint-Sulpice, n.º 8;
BRUNOT-LABBÉ, quai des Augustins, n.º 33.

1833.

NANCY, IMPRIMERIE DE RICHARD-DURUPT, RUE DES MARÉCHAUX, N.º 10.

A MONSIEUR BLAU,

INSPECTEUR DE L'ACADÉMIE DE NANCY.

MONSIEUR,

Il est assez naturel qu'un ancien élève dont vous avez le plus contribué à former le goût, vous consacre les prémices de ses études ; mais il faudrait que ces prémices fussent dignes de vous être offertes, et je n'ai à vous présenter que de biens faibles essais. Je suis heureux cependant que vous daigniez en agréer l'hommage, puisque je trouve ainsi l'occasion de vous témoigner la reconnaissance qui m'a toujours occupé. Si ces petites ébauches tombent entre les mains de quelques-uns de mes anciens condisciples, ils se plairont à rappeler le zèle, le dévouement et les leçons de leur savant professeur; ils pourront rapporter les marques d'attachement qu'ils en ont tous reçues ; enfin, ils pourront épancher leur cœur avec plus de liberté que ne m'en laisse l'extrême concision dont vous m'avez imposé le devoir; mais ils n'exprimeront pas plus de reconnaissance que je n'en ressens.

MARCEL.

ANALYSE ORATOIRE

DU

PLAIDOYER POUR LIGARIUS.

Exposé
des
circonstances.

La clémence que César avait exercée envers Marcellus inspirait aux frères de Q. Ligarius l'espoir d'obtenir la même faveur pour leur frère, quoiqu'ils sussent bien que le dictateur était loin de regarder du même œil ceux qui avaient combattu à Pharsale, et ceux qui étaient allés en Afrique se joindre à Juba, roi de Mauritanie, à Métellus Scipion et à Varus, pour relever contre lui l'étendard de la guerre. Il n'avait laissé la vie aux soldats de Tapsus qu'en les condamnant à un bannissement perpétuel. Il avait particulièrement lieu d'être irrité contre Q. Ligarius qui s'était montré son infatigable ennemi, depuis le jour où il avait remis de son plein gré le commandement de sa province entre les mains de Varus, jusqu'à celui qu'il fut pris dans Adrumète, après la dispersion de son parti. Cependant, comptant sur l'appui et les sollicitations que Cicéron, Pansa, et plusieurs autres sénateurs leur avaient promises, les frères de Ligarius se déterminèrent à essayer auprès du dictateur une démarche qu'il ne reçut pas trop mal. Ils concevaient des espérances, lorsque Tubéron, qui ne pardonnait pas à Ligarius d'avoir cédé le commandement de l'Afrique à Varus, préférablement à lui, peut-être encore son ennemi personnel pour d'autres motifs, réussit à réveiller le ressentiment et les méfiances du dictateur; il l'aigrit à un tel point que César le chargea de poursuivre lui-même Ligarius dans les formes, décida que l'affaire serait plaidée au forum, et s'en réserva le jugement.

Tubéron guidé dans son accusation et instruit par le dictateur, que les amis de Ligarius avaient malheureusement informé de tout en demandant sa grâce, le dénonça comme coupable d'obstination et d'entêtement dans la guerre qu'il avait faite à César en Afrique. Celui-ci s'apprêtait à foudroyer par un arrêt solennel tous les vaincus de Thapsus, et à prévenir par ce coup les prières dont leurs amis auraient pu l'importuner par la suite, en sollicitant leur retour; il avait même inscrit d'avance sur ses tablettes le jugement qu'il devait rendre. Il s'attendait aux efforts que ferait Cicéron pour sauver l'accusé; il se promettait de rester inflexible, mais il ne put tenir contre son éloquence, et il accorda le pardon de Ligarius.

Cicéron prononça ce discours l'an de Rome 707, à l'âge de soixante et un ans, peu de temps après sa fameuse harangue sur le rappel de Marcellus, circonstance qu'il est important de remarquer, pour comprendre la situation de l'orateur, et pour juger ses paroles. Il est à regretter que le plaidoyer de Tubéron ne nous soit pas parvenu; il aurait dû être préservé de l'oubli par celui de Cicéron, dont il ne pouvait qu'augmenter l'intérêt, en nous instruisant mieux de l'état de la question. Quintilien, qui ne conseille de le lire que dans cette vue, le met sur la même ligne que les plaidoyers d'Hortensius pour Verrès (*).

L'avocat ne fut pas seulement récompensé par le plaisir du succès et par la reconnaissance des Ligarius; son discours fut accueilli avec un empressement sans exemple; César voulut en avoir une copie; il y trouvait un chef-d'œuvre

______

(*) Inst. orat. libr. x, cap. 1.

de l'art ; et les fiers républicains qui frémissaient sous son joug, se réjouissant en secret de voir rentrer les amis de Pompée, applaudissaient à l'orateur qui préparait le triomphe de la liberté par les triomphes de son éloquence.

Ce rapide et brillant succès n'a pas été contredit par le jugement de la postérité ; les applaudissemens unanimes des contemporains, qui ne sont pas toujours réservés au solide mérite, ont été remplacés par la constante admiration des siècles. On ne trouvera nulle part plus de rapidité et d'entraînement oratoire, plus d'inspiration et de mouvemens passionnés, que dans ce discours : il a été conçu tout entier dans l'ame de Cicéron. On l'a toujours cité comme un modèle de pathétique ; on le regardera toujours comme le chef-d'œuvre de l'adresse et de l'habileté du plus insinuant des orateurs.

INVENTION.

Si les difficultés sont parfois aux grands-hommes un gage de succès, parcequ'elles les forcent à déployer leur génie, et qu'au lieu d'abattre leur courage, elles l'enflamment ; sous ce rapport, la cause de Ligarius devait fournir à notre orateur des moyens surnaturels de victoire, car elle lui offrait une occasion peu commune d'exercer tout son talent.

Difficultés du sujet.

On sait que l'art oratoire rappelle à trois questions distinctes toutes les causes qu'embrasse le genre judiciaire : *question de fait, question de droit, question de nom*, et qu'il assigne des règles particulières pour les traiter avec avantage. L'avocat nie ou conteste le *fait* ; il s'appuie successivement, et selon l'intérêt de son client, sur le *droit naturel* et sur le *droit positif* ; et parmi les *qualifications* propres à diminuer le délit ou le crime, il cherche à établir celle qui peut faire adoucir la peine ou excuser la faute. Mais on découvre au premier aperçu que l'affaire de Ligarius ne peut être favorablement considérée sous aucun de ces différens points de vue.

D'abord le défenseur ne peut pas nier le *fait :* Ligarius s'était réellement trouvé dans le parti des ennemis de César, et le dictateur ne l'ignorait pas, puisque C. Pansa, en sollicitant le rappel du préteur, en avait fait l'aveu formel.

La discussion du *droit* n'offrait pas plus d'avantage. Oui, Ligarius, en prenant les armes, a rempli le devoir d'un bon patriote ; il a défendu l'indépendance et la liberté de Rome contre l'usurpation d'un citoyen ambitieux : le droit naturel et le droit de cité lui sont acquis ; loin de mériter le blâme, il mérite au contraire des honneurs et des ré— compenses ; mais est—ce devant César qu'il faut agiter cette question ? la discussion n'en est pas même abordable.

Reste, en troisième lieu, la *qualification* de la faute ; car il faut au moins lui donner ce nom devant César. Est-ce une erreur ? est—ce un entraînement ? On pourrait lui donner ce nom, si Ligarius, après la bataille de Pharsale, avait voulu recevoir le pardon du vainqueur ; mais il s'est jeté dans le parti de Métellus Scipion, ennemi acharné du dictateur et de son parti ; vaincu sans être soumis, il a fallu le prendre pour le désarmer. Comment qualifier autrement sa conduite, que d'invincible obstination et d'entêtement haineux ? Or, si le défenseur l'avoue, il accorde à Tubéron tout ce que celui—ci prétend.

Cicéron, dans ses traités de rhétorique, a donné d'excellentes méthodes pour traiter les mauvaises affaires ; mais elles ne sont guère applicables dans la circonstance actuelle. Ce ne sont pas les yeux de César, un des plus grands orateurs de son temps, que Cicéron lui—même pourra fas—

ciner. Si l'on ne fait qu'effleurer la question, le juge de Ligarius a trop de pénétration pour ne pas s'en apercevoir; il connaît trop bien les subtilités de la dialectique, pour les confondre avec de solides raisons. Mais enfin, désespérant de convaincre, le défenseur, qui n'a plus d'autre ressource, pourra-t-il du moins manier le pathétique, et fléchir le juge en le séduisant? Sans doute il le pourrait, s'il s'adressait au peuple, sur qui les passions exercent un souverain empire; à une multitude, où l'agitation s'accroît en se répandant; il le pourrait encore, s'il parlait devant un tribunal composé d'hommes sans intérêt et sans prévention; mais ici c'est un juge qu'il faut émouvoir, et ce juge est partie; c'est un orateur qui sait et qui a épuisé lui-même en plusieurs rencontres tous les artifices de l'éloquence; c'est un vainqueur prévenu qui encourage l'accusateur, et qui se promet bien de fermer son cœur aux impressions qu'y voudrait produire un avocat dont il connaît la puissance d'insinuation.

Le chancelier d'Aguesseau nous va montrer le ressort qu'a fait jouer l'orateur dans cette admirable composition.

« Le conservateur de la république, dit-il (*), celui
» que Rome libre appelle le père de la patrie, parle de-
» vant l'usurpateur de l'empire et le destructeur de la li-
» berté. Il défend un de ces fiers républicains qui avaient
» porté les armes contre César; et il a César même pour
» juge. C'est peu de parler pour un ennemi vaincu en pré-
» sence du victorieux; il parle pour un ennemi condamné.
» Il entreprend de le justifier devant celui qui a prononcé
» sa condamnation avant que de l'entendre, et qui, loin
» de lui donner l'attention d'un juge, ne l'écoute qu'avec
» la maligne curiosité d'un auditeur prévenu. Mais il con-

____

(*) Discours sur l'union de la philosophie et de l'éloquence.

Unique ressource de l'orateur.

» naît là passion dominante de son juge, et c'est assez pour
» le vaincre. Il flatte sa vanité, pour désarmer sa ven-
» geance ; et malgré son indifférence obstinée, il sait l'in-
» téresser si vivement à la conservation de celui qu'il veut
» perdre, que son émotion ne peut plus se contenir au-
» dedans de lui-même. Le trouble extérieur de son vi-
» sage rend hommage à la supériorité de l'éloquence ; il
» absout celui qu'il avait condamné ; et Cicéron mérite
» l'éloge qu'il donne à César, d'avoir su vaincre le vain-
» queur et triompher de la victoire. »

Moyens subordonnés à cette ressource.

On voit déjà que ce discours est moins un plaidoyer qu'une harangue : cependant l'orateur emploie plusieurs moyens de défense, que nous allons dépouiller de tous les charmes dont ils sont revêtus dans l'ouvrage, de toutes les inductions qui amènent la persuasion, pour les examiner d'abord suivant toute la sévérité de la logique. Ils se réduisent à quatre principaux : 1° les circonstances qui conduisirent Ligarius en Afrique et l'y retinrent, 2° la comparaison de la conduite de l'accusé avec celle de Tubéron et de Cicéron lui-même, 3° l'odieux de l'accusation, 4° l'exagération dans la qualification de la faute.

Valeur logique de ces moyens.

Rien n'a moins de poids que ces preuves, si on les pèse dans la balance du logicien :

1° Si Ligarius partit pour l'Afrique avant la guerre, pourquoi n'est-il pas revenu dès que la guerre a éclaté ? pourquoi, restant en Afrique, s'est-il armé contre César ? pourquoi s'est-il obstiné à ne point se rendre au vainqueur ?

2° Cicéron peut-il comparer sa conduite à celle de Ligarius, après qu'il s'est excusé d'une manière si satisfesante, dans le discours de félicitation adressé à César, en plein sénat, au sujet du rappel de Marcellus ? « Pour moi,

» disait-il alors, j'ai toujours pensé qu'il fallait s'occuper
» de la paix, et j'ai vu avec regret qu'on la rejetât, qu'on
» refusât même d'écouter ceux qui la sollicitaient avec
» instance. Mon bras ne s'est armé ni dans cette guerre
» civile, ni dans aucune autre; et mes conseils, toujours
» amis de la paix et de la concorde, n'inspirèrent jamais
» la haine et les combats. J'ai suivi dans Pompée un ami
» et non pas un chef. Tel était sur mon cœur le pouvoir
» de la reconnaissance, que, sans intérêt et même sans es-
» poir, je courais volontairement au précipice. Je n'ai
» nullement dissimulé mon opinion : car, dans ce lieu
» même, avant que les hostilités commençassent, j'ai parlé
» fortement pour la paix; et durant la guerre, au péril de
» mes jours, j'ai constamment tenu le même langage. »
Sont-ce là les sentimens de Ligarius, qui a pris les armes
quand le parti de César avait déjà triomphé, et qui se les
est fait arracher au lieu de les déposer? Il ne peut pas non
plus établir un parallèle parfait entre l'accusateur et l'accusé, puisque si le premier s'est laissé entraîner dans le
même parti, il s'est rendu depuis sans se montrer opiniâtre. Mais supposé même que Tubéron, que Cicéron
lui-même, puisqu'il le veut, aient été coupables; que
César, en considération de leurs services et de leur caractère pacifique, leur ait fait grâce; est-ce une raison pour
lui de faire rentrer dans Rome ses ennemis les plus
acharnés?

Le défenseur reproche à Tubéron l'odieux de son accusation. Mais ne sera-t-il pas permis à celui-ci d'avertir son
bienfaiteur des dangers auxquels il s'expose, de lui faire
connaître les hommes indignes d'obtenir une grace, de le
prémunir contre les trames que Ligarius peut former avec
d'autres conjurés? La reconnaissance exige de lui cette démarche. Au reste, que l'accusation soit odieuse ou qu'elle

ne le soit pas, il s'agit uniquement de savoir si elle est fondée, ou non.

4° La qualification de la faute est exagérée. Donc la faute existe. Elle est exagérée! Elle le serait peut-être si l'on parlait de ceux qui ont suivi Pompée; mais doit-on les confondre avec ceux qui, sans autre motif que la persévérance de leur haine, se sont rendus, contre toute espérance raisonnable de succès, dans le camp de Juba?

Leur valeur oratoire.

La faiblesse, l'insuffisance logique de ces raisons est palpable; mais tandis que le sévère philosophe ne fait attention qu'à la force intrinsèque des preuves, l'orateur, qui ne tend qu'à persuader, ne les considère que sous un rapport relatif; il ne les voit que dans l'effet qu'elles doivent produire, dans le profit qu'il en peut tirer pour arriver à ses fins. Que lui importe d'éclairer son auditeur, pourvu qu'il l'amène à agir selon ses vues? Or, dans la conjoncture actuelle, quoique Cicéron parle à un juge, c'est vraiment au peuple qu'il s'adresse, dès que la cause est plaidée dans le forum; et s'il désespère de convaincre César par la raison, il saura bien entraîner l'opinion publique dans son parti, et par elle subjuguer un dictateur qui veut capter les suffrages de la multitude. Ajoutez les impressions de la sensibilité, les insinuations de la passion, dont ne pourra jamais se défendre le plus subtil des dialecticiens, le plus adroit des orateurs, quand on le prendra par son faible. On a beau connaître tous les artifices de l'éloquence, on reste homme; et la raison de l'homme se laisse volontiers bercer et endormir par la passion favorite.

Après ces rapides considérations, qui méritent un mûr examen; après avoir estimé suivant leur valeur logique, intrinsèque et absolue, les raisons que l'orateur emploie, nous serons plus à même d'apprécier son adresse à les faire valoir.

1° Ligarius n'alla pas de lui-même en Afrique; il y fut envoyé lorsqu'il n'y avait *aucune apparence de guerre*; des obstacles *insurmontables* le retinrent dans cette province *contre son gré*; il se trouva *enveloppé* dans le parti des ennemis de César, *sans y avoir songé*. L'orateur expose les circonstances favorables à son client; il montre son caractère pacifique; il rappelle la justice et la douceur de son gouvernement, de manière à lui concilier la bienveillance du peuple; et s'il ne parvient pas à rendre Ligarius innocent, au moins diminue-t-il de beaucoup sa faute.

2° Cicéron se compare à l'accusé; celui-ci partit avant la guerre, lui pendant le cours des hostilités; il lui compare l'accusateur, qui a porté les armes contre César aussi bien que Ligarius : Ligarius n'est pas sorti de l'Afrique, Tubéron s'y est rendu; Ligarius n'a pu se dispenser d'obéir au sénat, Tubéron aurait pu ne pas obéir; Ligarius a cédé le commandement, Tubéron se plaint de ne l'avoir pas obtenu; et s'il en avait joui, il s'en serait prévalu contre César, comme sa conduite l'a bien prouvé. Comment ose-t-il accuser devant César celui qui l'a empêché de faire la guerre à César? Le dictateur pourra-t-il condamner l'ancien préteur, après avoir absous Tubéron?

3° La conduite de l'accusateur est indigne : lui qui doit tout à la clémence de César, devrait-il l'exciter à la cruauté? Ligarius est exilé, et Tubéron veut sa mort! Il serait odieux de s'opposer en secret à la clémence de César; il l'est encore plus de le faire devant un tribunal, puisque c'est fermer un asile à une multitude de malheureux. Il serait atroce de détruire un mensonge favorable à la cause de l'infortuné; il l'est bien davantage d'empêcher le pardon. César pourra-t-il bien sanctionner, par son arrêt, la conduite d'un si lâche accusateur?

4° Tubéron avait donné le nom de crime à la conduite de son ennemi. Cicéron montre que la haine seule a pu la qualifier ainsi : c'est un aveuglement, c'est une erreur. Le défenseur déploie surtout beaucoup d'adresse dans cette preuve : il parle en général et sans distinction des deux guerres, comme si celle renouvelée par Varus et Scipion n'était que la continuation de celle entreprise par Pompée. Il trouve ainsi le moyen de jeter de l'odieux sur la qualification de criminels appliquée à ceux qui ont porté les armes contre César : c'est insulter aux mânes de Pompée, de ce grand citoyen que le dictateur affectait de plaindre et de regretter; c'est dire ouvertement à César qu'il a voulu s'accorder avec des scélérats, qu'il a fait grace à des scélérats ; c'est détruire ainsi le prix de ses bienfaits; c'est en quelque sorte outrager le vainqueur lui-même. Dès-lors César devait moins songer à condamner l'accusé qu'à se justifier lui-même de l'inculpation de Tubéron.

Ainsi, les moyens qui, pour le logicien, n'eussent été que des traits faibles et émoussés, deviennent dans la main de l'orateur autant d'armes victorieuses qui terrassent son adversaire et le réduisent au plus honteux silence.

Voyons à présent dans quel ordre il convient de les disposer.

DISPOSITION.

1.ᵉʳ ᴍᴏʏᴇɴ : Circonstances atténuantes relatives au départ de Ligarius pour l'Afrique et à son séjour dans cette province.

L'orateur ne pouvait pas appuyer en commençant sur l'odieux de l'accusation (3.ᵉ *moyen*) : les esprits n'étant pas encore disposés en faveur de l'accusé ou contre l'accusateur, cette attaque aurait été prématurée et imprudente ; elle aurait envenimé la colère du juge, qui se serait cru insulté, et lui aurait inspiré de la défiance. Il fallait auparavant l'adoucir, séparer ses intérêts de ceux de l'accusateur, renouveler contre celui-ci son ancien ressentiment, et le lui

(11)

rendre haïssable ou suspect. Mais le moyen destiné à produire cet effet, le parallèle de l'accusateur et de l'accusé (2.ᵉ *moyen*), suppose la connaissance des faits ; ce serait disputer sur un point encore inconnu, que de comparer Tubéron avec Ligarius, lorsqu'on ignore ce qui doit déterminer le jugement qu'on portera du dernier. Il en est de même de la qualification de la faute (4.ᵉ *moyen*) ; elle en suppose la connaissance claire et exacte, la juste appréciation. Il est donc indispensable de commencer le discours par l'exposition des faits, par la narration des circonstances favorables à l'inculpé.

Il y a deux aspects à considérer dans le parallèle que l'orateur établit entre l'accusateur et l'accusé. D'abord Cicéron ne compare la conduite de Tubéron et la sienne propre à celle de Ligarius que pour excuser son client ; mais il se sert ensuite de cette comparaison pour rétorquer l'accusation contre l'accusateur. La portée toute diverse de ces deux développemens du même moyen leur doit conséquemment assigner une place différente.

Après avoir atténué les torts de l'accusé, en exposant l'enchaînement des circonstances difficiles dans lesquelles il s'est trouvé embarrassé (1.ᵉʳ *moyen*), il est tout simple de continuer son apologie en mettant en regard de sa conduite, la conduite semblable de celui-là même qui le poursuit. Il ne faut que de l'adresse et des ménagemens pour faire passer cette comparaison. Ensuite ce parallèle, nécessité par le besoin de la défense, devient un acheminement naturel aux reproches que l'avocat se trouve en droit de faire à l'accusateur sur le ressentiment aveugle qui le guide dans sa poursuite (3.ᵉ *moyen*) ; comme aussi ce dernier moyen conduit à son tour l'orateur à prouver que la faute de Ligarius, au lieu d'être caractérisée par

la justice, a reçu de la haine de son adversaire une qualification fausse et exagérée (4.ᵉ *moyen*).

Quant à l'autre partie de la comparaison qui n'est rien
moins qu'une attaque directe contre Tubéron, elle renferme des traits trop acérés pour qu'on puisse les lancer
en commençant. C'est en fesant retomber l'accusation sur
le délateur que l'avocat doit le confondre et l'écraser;
mais il serait à craindre que, par un début aussi pas-
sionné, il ne révoltât tous les auditeurs, en se montrant
ennemi déclaré de sa partie adverse. Une récrimination
violente serait maintenant dénaturée, et produirait un
effet tout contraire à celui qu'en peut attendre l'orateur,
lorsqu'il y aura préparé les esprits.

Cicéron divise donc ce moyen, ou plutôt il l'emploie de
deux manières, en deux endroits différens. D'abord il
attaquera Tubéron avec ménagement, et comme à regret;
il ne paraîtra rappeler sa conduite que pour excuser celle
de Ligarius; s'il laisse échapper ensuite quelques paroles
un peu vives, il s'arrêtera bientôt; mais, à la fin de son
discours, quand il aura excité la colère et le mépris du
juge, soulevé l'indignation de la multitude qui environne
le tribunal, par la hideuse peinture de la haine, de la
fureur, de l'acharnement de Tubéron contre l'accusé (3.ᵉ
et 4.ᵉ *moyens*), alors il donnera l'essor à l'impétuosité de
son éloquence: dans une attaque terrible, il fera jouer
toutes ses machines; il renversera aux pieds du juge le
délateur tremblant pour lui-même, et marchera sur lui,
pour aller, en faveur de son client, recevoir de la main du
dictateur la sentence de grâce et d'absolution.

Ajoutez que, par cet arrangement, l'orateur a l'avantage d'employer à deux reprises son arme la plus meur-
trière; il s'en sert pour commencer la défaite, et il y revient
pour compléter son triomphe.

(13)

Pour qualifier la faute de Ligarius, l'accusateur s'est servi d'une expression exagérée ; c'est une suite de sa haine ; cette haine, il faut d'abord l'exposer au grand jour, en peignant sous les couleurs les plus noires la barbarie de son procédé, l'impudence de sa démarche.

D'ailleurs, le quatrième moyen qui consiste dans la discussion relative au nom qu'il convient de donner à la conduite de Ligarius, ce moyen, dis-je, est le plus faible : le défenseur ne peut diminuer la faute qu'à la faveur d'une confusion d'idées, en mêlant les deux guerres, pour cacher l'odieux de la seconde dans l'éclat que le nom de Pompée avait répandu sur la première. Cette discussion est fort délicate : elle est entièrement fondée sur des précautions oratoires dont l'orateur ne peut assurer le succès, qu'en dérobant aux regards de l'assemblée les détours et les ruses de son éloquence. Une preuve si frêle ne peut être mieux placée qu'au milieu du soulèvement des passions que sont propres à exciter le tableau de la haine atroce de Tubéron contre Ligarius (3.e *moyen*) et la rétorsion de l'accusation contre l'accusateur (2.e *partie du 2.e moyen*).

Dans l'espèce de calcul des combinaisons possibles que nous avons essayées, nous avons pesé les inconvéniens et les avantages qui résultent du placement de chaque preuve, et nous avons été conduits à préférer l'arrangement auquel Cicéron s'est arrêté comme le plus raisonnable et le plus naturel ; nous avons même cru apercevoir qu'il est le plus oratoire, c'est-à-dire le plus favorable au développement progressif des passions qui devaient faire triompher sa cause : la vanité du dictateur, sa clémence envers l'accusé, sa haine contre l'accusateur, sa crainte de déplaire au peuple.

Il nous reste à vérifier nos découvertes : supposons actuellement chaque chose à sa place, et, par l'esquisse

2

du discours, jugeons de l'effet que doit produire la disposition qu'avec l'orateur nous avons imaginée.

EXORDE.

Le défenseur de Ligarius, avec cette expression de
mœurs qui a tant de pouvoir sur les cœurs, annonce dès
l'exorde que puisque César connaît la faute de son client,
il ne veut implorer que sa clémence; mais il fait observer
que Tubéron n'est pas exempt de reproches, qu'il n'est pas
moins coupable que celui qu'il poursuit. Cet aveu modeste
de Cicéron, l'embarras qu'il témoigne, l'accusation qu'il
annonce, tout cela impose silence aux ennemis de Ligarius,
commande l'attention, excite la bienveillance du juge, le dispose à la commisération envers l'accusé, au ressentiment
contre l'accusateur, et prépare un heureux succès à la suite
du discours.

1.er MOYEN :
Circonstances
atténuantes.

Aussitôt, sans perdre de temps à l'exposition des faits qui
n'étaient déjà que trop connus, et dont la mention trop
détaillée aurait pu réveiller des souvenirs fâcheux, Cicéron
commence le développement de ses preuves, et fait des
circonstances favorables à son client la base de son premier moyen, qu'il présente comme en narration. Cette
exposition simple et naïve, l'aveu qu'il fait bientôt de ses
torts personnels, l'éloge expansif qui le suit de la clémence
et de la générosité de César, fléchissent la colère du juge,
émoussent les traits que la prévention aiguisait secrètement
contre l'avocat, changent les intentions avec lesquelles le
dictateur s'était placé sur le tribunal, et acquièrent à
l'orateur le droit d'examiner si son adversaire est exempt
de reproches.

1re PARTIE DU 2^e
MOYEN :
Comparaison
de l'accusateur
et de l'accusé.
3.e MOYEN :
Odieux
de l'accusation.

Le résultat de cet examen est tout à l'avantage de
Ligarius.

Alors, quelle inconséquence de la part de Tubéron d'accuser un homme moins coupable que lui! Quelle barbarie de procédé! quelle indigne conduite! quel aveugle-

nent et quelle haine d'intenter une action capitale contre
un malheureux exilé, de le poursuivre à toute outrance
devant un vainqueur dont lui-même a reçu le pardon! Ce troisième moyen sort naturellement de celui qui précède; et
par la force dont l'orateur sait le revêtir, il le rend triomphant; il frappe rudement l'adversaire; il attire sur lui
tant de haine et de mépris, qu'il n'est plus possible au
juge de condamner la victime d'une si atroce persécution.
L'art de Cicéron, qui paraît à présent moins occupé de défendre son client que d'attaquer l'agresseur, semble former
un nœud dramatique. Il met aux mains les deux ennemis,
justifie l'un, accuse l'autre, et les présente ensemble sur
la scène; alors l'attention redouble, l'intérêt augmente, et le
spectateur étonné, secondant de ses vœux la cause de l'infortuné qu'on opprime, regarde avec anxiété à qui restera
la victoire.

C'est dans cette disposition des esprits que l'orateur
aborde la question si délicate de la qualification de la
faute. Il fallait la toucher avec précaution : les preuves
sont bien fragiles; mais on est disposé à lui accorder ce
qui peut être utile à la cause de l'accusé, qu'il a environné
de la faveur de toute l'assistance; ce qui peut renverser
les noirs desseins de l'accusateur sur la tête duquel il vient
d'appeler la haine et l'indignation de la multitude, qu'on
voit avec plaisir réduit à la nécessité de se défendre lui-
même, et qui deviendra plus odieux encore, lorsqu'il sera
prouvé que non-seulement il a lâchement dénoncé et atro-
cement poursuivi Ligarius, étant aussi coupable que lui,
mais qu'il a même aggravé la faute de son concitoyen.

Cicéron étale au grand jour l'injustice des procédés de
Tubéron, la haine qui le guide, l'envie qui le dévore,
l'ambition qui le tourmente; il laisse là l'accusé, et tombe

à bras raccourci sur l'accusateur, dont il condamne les démarches, accuse les desseins, incrimine les pensées; il le poursuit avec une apparente modération; mais au fond il le blesse par une amère ironie, et l'accable de tout le poids de son indignation. Pensait-on alors à la faute de Ligarius? Consultons notre propre cœur; il nous répondra que de quelque crime que soit coupable un particulier, lorsque c'est la haine qui l'accuse, et qu'on sait son délateur plus criminel, la vengeance fait place à la pitié, et se tourne tout entière contre le méchant qui veut nuire à son semblable.

PÉRORAISON.

Les préventions du juge doivent être bien affaiblies par les émotions diverses que lui a fait éprouver l'orateur, et la cause de Ligarius est déjà gagnée devant le peuple, qui pardonne volontiers les crimes politiques. D'ailleurs, la faute de l'accusé est bien diminuée; Tubéron, plus coupable que lui, a obtenu sa grâce; César ne peut la refuser à Ligarius sans être inconséquent, sans paraître approuver une si odieuse accusation, sans offenser les anciens partisans de Pompée, sans indisposer le peuple, et sans démentir la belle réputation de clémence et de grandeur d'ame qu'il lui importe de conserver. Mais l'orateur ne compte pas encore sur la victoire; il pousse plus loin ses avantages, parce qu'il peut aller plus loin; il attaque à la fois toutes les avenues du cœur de César; il le prend par tous les motifs: la bonté, la justice, l'honneur; il prie, il commande, il menace pour ainsi dire; et, comme un ardent et vigoureux athlète, ne quitte l'arène tout couvert de sueur, que lorsqu'il a triomphé de son adversaire, en le forçant d'avouer à haute voix qu'il cède la victoire. Cicéron ne cessera d'émouvoir et de tourmenter le cœur de César, jusqu'à ce que le dictateur, trahissant son émotion par l'expression de sa figure, se montrera disposé à prononcer la sentence d'absolution, du tribunal même où il était monté en lisant dans ses tablettes l'arrêt de condamnation qu'il se promettait bien de fulminer.

La longueur de cette partie du discours ne peut donc faire accuser l'orateur de s'être trop abandonné aux sentimens qui l'entraînaient : il avait encore beaucoup à faire pour exciter la clémence de César, et pour enchaîner le vainqueur ; il a pensé sans doute qu'il devait compenser la faiblesse des preuves par la force du pathétique qu'il répand dans cette belle péroraison, si digne d'être citée comme un modèle de variété et de gradation oratoire.

Cicéron commence sa péroraison par engager César à la clémence ; il l'y oblige ensuite en lui en fesant un devoir ; enfin, on peut dire qu'il l'y force, en le mettant dans l'impossibilité de prendre un parti contraire.

Il rappelle qu'il ne se fonde point sur l'innocence de Ligarius. S'il essaie de résumer les raisons qui diminuent la faute de l'accusé, il quitte aussitôt ce soin pour l'abandonner à la clémence du vainqueur. César pourrait-il être insensible quand on lui parle comme à un père?

1.º MOTIFS DE PERSUASION : Clémence de César.

Il a donné droit d'espérer en pardonnant à beaucoup d'autres. Ne se montrerait-il pas inconséquent, et ne ferait-il pas penser qu'il se repent de son indulgence passée, s'il refusait maintenant le pardon qu'on implore?

Espérances qu'il a donné lieu de concevoir.

Ce n'est pas Cicéron qui le demande ; c'est la province des Sabins tout entière, si dévouée aux intérêts de César ; ce sont les frères de Ligarius ; ce sont les plus illustres chevaliers romains. Combien de mécontens si le dictateur s'obstine à mépriser de si puissantes intercessions?

Considération due aux intercesseurs.

On pense bien que Cicéron ne commet pas l'imprudence d'expliquer tous ces motifs ; mais sans blesser la susceptibilité du vainqueur, il ne l'enchaîne pas moins, en le mettant sur la voie de tirer toutes ces inductions, qui doivent se présenter à son esprit et régler sa détermination, en lui laissant tout le mérite de la grace qu'il accorde.

2.º MOTIFS
D'OBLIGATION :

Ces trois motifs ne s'adressent encore qu'à la clémence de César; maintenant le devoir et la justice vont se faire entendre. Je continuerai à indiquer les réflexions que l'orateur fait naître, sans avertir davantage qu'il ne les exprime pas.

Justice.

Il montre que l'impossibilité seule du rapprochement a pu rendre Ligarius coupable, et que s'il eût été en Italie, il n'eût pas embrassé d'autre parti que celui de ses frères. Sa séparation l'excuse; le dévouement des deux Ligarius qui étaient à Rome doit fléchir le vainqueur, et l'intime union des trois frères le rassurer pour l'avenir.

Reconnaissance

La reconnaissance lui fait une obligation de pardonner; il n'a point dû oublier les éminens services que T. Ligarius, frère de l'accusé, lui a rendus dans des circonstances difficiles; il ne les a pas encore reconnus. Ainsi le pardon qu'on sollicite de César cesse d'être une grâce; c'est une justice; c'est une dette de l'honneur; ce n'est point assez, l'orateur en va faire une nécessité.

3.º MOTIF
DE NÉCESSITÉ.
*Demande
du
peuple romain.*

Ce ne sont plus de simples particuliers qui le prient; c'est le peuple romain qui lui demande Ligarius. César, pourrez-vous le lui refuser, après avoir accordé Marcellus au sénat? Cicéron ne craint point de faire ce rapprochement dont on aperçoit toute la force; mais pour en adoucir la hardiesse, il rappelle au dictateur le beau jour que fit luire pour lui le rappel de Marcellus; il intéresse la clémence et la vanité du vainqueur; il chatouille agréablement son amour-propre, et confie le sort de son client à la passion qu'il vient de caresser avec tant d'art.

Tel est le plan de ce discours, le plus animé, le plus pathétique et le plus entraînant peut-être que nous ait laissé l'antique éloquence. L'orateur a choisi l'ordre le plus favorable au développement gradué de ses preuves et au mouvement progressif des passions; mais tout ce travail va disparaître à la faveur de l'inimitable naturel du style et de la rapide inspiration de l'orateur : il semble n'obéir qu'aux élans instantanés de son ame; il enchante ses auditeurs, pour les empêcher de remarquer les nombreux ressorts qu'il a disposés d'avance.

ORATIO

PRO Q. LIGARIO.

I. Novum crimen, C. Cæsar, et ante hunc diem inauditum, propinquus meus ad te, Q. Tubero detulit, Q. Ligarium in Africa fuisse! idque C. Pansa, præstanti vir ingenio, fretus fortasse ea familiaritate quæ est ei tecum, ausus est confiteri. Itaque quo me vertam nescio : paratus enim veneram, quum tu id neque per te scires, neque audire aliunde potuisses, ut ignoratione tua ad hominis miseri salutem abuterer. Sed quoniam diligentia inimici investigatum est id quod latebat, confitendum est, ut opinor, præsertim quum meus necessarius, Caius Pansa, fecerit ut id jam integrum non esset : omissaque controversia, omnis oratio ad misericordiam tuam conferenda est, qua plurimi sunt conservati, quum à te non liberationem culpæ, sed errati veniam impetravissent.

Habes igitur, Tubero, quod est accusatori maxime optandum, confitentem reum : sed tamen hoc confitentem se in ea parte fuisse qua te, Tubero, qua virum omni laude dignum, patrem tuum. Itaque prius de vestro delicto confiteamini necesse est quam Ligarii ullam culpam reprehendatis.

Q. enim Ligarius, quum esset nulla belli suspicio, legatus in Africam cum C. Considio profectus est : qua in legatione et civibus et sociis ita se probavit, ut decedens Considius provincia satisfacere hominibus non posset, si *sa promotion à la charge de préteur, et sa conduite dans cette charge.*

quemquam alium provinciæ præfecisset. Itaque Q. Ligarius, quum diu recusans nihil profecisset, provinciam accepit invitus : cui sic præfuit in pace, ut et civibus et sociis gratissima esset ejus integritas et fides.

2.° Sa retraite des affaires.

Bellum subito exarsit, quod qui erant in Africa ante audierunt geri quam parari : quo audito, partim cupiditate inconsiderata, partim cæco quodam timore, primo salutis, post etiam studii sui quærebant aliquem' ducem : quum Ligarius, domum spectans, et ad suos redire cupiens, nullo se implicari negotio passus est. Interim P. Attius Varus qui prætor Africam obtinuerat, Uticam venit : ad eum statim concursum est ; atque ille non mediocri cupiditate arripuit imperium, si illud imperium esse potuit quod ad privatum clamore multitudinis imperitæ, nullo publico consilio, deferebatur. Itaque Ligarius, qui omne tale negotium cuperet effugere, paulum adventu Vari conquievit.

Résumé de sa conduite pendant ces deux époques.

II. Adhuc, C. Cæsar, Q. Ligarius omni culpa vacat. Domo est egressus non modo nullum ad bellum, sed ne ad minimam quidem suspicionem belli : legatus in pace profectus, in provincia pacatissima ita se gessit, ut ei pacem esse expediret. Profectio certe animum tuum non debet offendere : num igitur remansio? multo minus ; nam profectio voluntatem habuit non turpem, remansio etiam necesitatem honestam. Ergo hæc duo tempora carent crimine : unum, quum est legatus profectus; alterum, quum, efflagitatus a provincia præpositus Africæ est.

3.° Son séjour en Afrique après l'arrivée de Varus.

Tertium est tempus, quo post adventum Vari in Africa restitit : quod si est criminosum, necessitatis crimen est, non voluntatis. An ille, si potuisset illinc ullo modo evadere, Uticæ potius, quam Romæ; cum P. Attio, quam cum concordissimis fratribus; cum alienis esse, quam cum suis maluisset? quum ipsa legatio plena desiderii ac sollicitudinis fuisset propter incredibilem quemdam fratrum amorem, hic æquo animo esse potuit belli dissidio distractus a fratribus?

1.re* PARTIE DU 2.° MOYEN : Comparaison de la conduite de l'accusé avec celle*

Nullum igitur habes, Cæsar, adhuc in Q. Ligario signum alienæ a te voluntatis : cujus ego causam animadverte, quæso, qua fide defendam, quum prodo meam. O clementiam admirabilem atque omni laude, prædicatione, litteris, monumentisque decorandam. M. Cicero apud te defendit, alium in ea voluntate non fuisse, in qua seipsum confitetur fuisse; nec tuas tacitas cogitationes extimescit, nec quid tibi, de alio audienti, de seipso occurrat, reformidat.

III. Vide quam non reformidem; vide quanta lux liberalitatis et sapientiæ tuæ mihi apud te dicenti oboriatur. Quantum potero voce contendam, ut hoc populus romanus exaudiat. Suscepto bello, Cæsar, gesto etiam ex magna parte, nulla vi coactus, judicio ac voluntate ad ea arma profectus sum, quæ erant sumta contra te. Apud quem igitur hoc dico? nempe apud eum qui, quum hoc sciret, tamen me, antequam vidit, reipublicæ reddidit; qui ad me ex Egypto litteras misit, ut essem idem, qui fuissem; qui, quum ipse imperator in toto imperio populi romani unus esset, esse me alterum passus est; a quo, hoc ipso C. Pansa mihi nuntium perferente, concessos fasces laureatos tenui, quoad tenendos putavi; qui mihi tum denique se salutem putavit dare, si eam nullis spoliatam ornamentis dedisset.

Vide, quæso, Tubero, ut, qui de meo facto non dubitem dicere, de Ligarii non audeam confiteri. Atque hæc propterea de me dixi, ut mihi Tubero, quum de se eadem dicerem, ignosceret. Cujus ego industriæ gloriæque faveo, vel propter propinquam cognationem, vel quod ejus ingenio studiisque delector, vel quod laudem adolescentis propinqui existimo etiam ad meum aliquem fructum redundare.

Sed hoc quæro, quis putet esse crimen fuisse in Africa Ligarium? nempe is qui et ipse in eadem Africa esse voluit, et prohibitum se a Ligario queritur, et certe contra ipsum Cæsarem est congressus armatus. Quid enim, Tubero, destrictus ille tuus in acie pharsalica gladius agebat? cujus latus ille mucro petebat? qui sensus erat armorum tuorum? quæ tua mens? oculi? manus? ardor animi? quid cupiebas? quid optabas? Nimis urgeo: commoveri videtur adolescens: ad me revertar; iisdem in armis fui.

IV. Quid autem aliud egimus, Tubero, nisi ut quod hic potest, nos possemus? Quorum igitur impunitas, Cæsar, tuæ clementiæ laus est, eorum ipsorum ad crudelitatem te acuet oratio? Atque in hac causa nonnihil equidem, Tubero, tuam, sed multo magis patris tui prudentiam desidero : quod homo quum ingenio , tum etiam doctrina excellens , genus hoc causæ quod esset non viderit. Nam , si vidisset , quovis profecto quam isto modo a te agi maluisset. Arguis fatentem : non est satis : accusas eum qui causam habet , aut , ut ego dico , meliorem , quam tu ; aut , ut tu vis , parem.

2.º Conséquences de son accusation. Hæc admirabilia sunt , sed prodigii simile est quod dicam. Non habet eam vim ista accusatio , ut Q. Ligarius condemnetur , sed ut necetur. Hoc egit civis romanus ante te nemo : externi isti sunt mores ; usque ad sanguinem incitari solet odium aut levium Græcorum , aut immanium Barbarorum. Nam quid aliud agis ? ut Romæ ne sit ? ut domo careat ? ne cum optimis fratribus , ne cum hoc T. Broccho , avunculo suo , ne cum ejus filio , consobrino suo , ne nobiscum vivat ? ne sit in patria ? Num est ? Num potest magis carere his omnibus , quam caret ? Italia prohibetur , exsulat. Non tu ergo hunc patria privare qua caret , sed vita , vis. At istud ne apud eum quidem dictatorem , qui omnes quos oderat morte multabat , quisquam egit isto modo. Ipse jubebat occidi , nullo postulante : præmiis etiam invitabat. Quæ tamen crudelitas ab eodem aliquot annis post , quem nunc crudelem esse vis , vindicata est.

V. Ego vero istud non postulo , inquies. Ita mehercle existimo , Tubero : novi enim te , novi patrem , novi domum nomenque vestrum : studia denique generis ac familiæ vestræ , virtutis , humanitatis , doctrinæ , plurimarum artium atque optimarum , nota sunt mihi omnia. Itaque certo scio vos non petere sanguinem ; sed parum attenditis : res enim eo spectat , ut ea pœna , in qua adhuc Q. Ligarius sit , non videamini esse contenti. Quæ est igitur alia præter mortem ? Si enim in exsilio est , sicuti est , quid amplius postulatis ? an , ne ignoscatur ? hoc vero multo *3.º Indignité de sa démarche.* acerbius , multoque est durius. Quod nos domi petimus , precibus et lacrymis , prostrati ad pedes , non tam nostræ causæ fidentes , quam hujus humanitati , id ne impetremus pugnabis ? et in nostrum fletum irrumpes ? et nos jacentes ad pedes , supplicum voce prohibebis ?

Si , cum hoc domi faceremus , quod et fecimus , et , ut spero , non frustra fecimus , tu de repente irrupisses , et clamare cœpisses : « Cæsar , cave ignoscas , cave te fratrum

« pro fratris salute obsecrantium misereatur », nonne omnem humanitatem exuisses? Quanto hoc durius, quod nos domi petimus, id te in foro oppugnare? et in tali miseria multorum perfugium misericordiæ tollere?

Dicam plane, C. Cæsar, quod sentio. Si in hac tanta tua fortuna lenitas tanta non esset quantam tu per te, per te, inquam, obtines (intelligo quid loquar), acerbissimo luctu redundaret ista victoria. Quam multi enim essent de victoribus, qui te crudelem esse vellent, quum etiam de victis reperiantur? quam multi, qui, quum a te nemini ignosci vellent, impedirent clementiam tuam, quum etiam hi quibus ipse ignovisti, nolint te in alios esse misericordem?

Quod si probare Cæsari possemus, in Africa Ligarium omnino non fuisse; si honesto et misericordi mendacio saluti civis calamitosi consultum esse vellemus; tamen hominis non esset, in tanto discrimine et periculo civis, refellere et coarguere nostrum mendacium : et, si esset alicujus, ejus certe non esset, qui in eadem causa et fortuna fuisset. Sed tamen aliud est errare Cæsarem nolle, aliud nolle miseri. Tu diceres: « Cave, Cæsar, credas: fuit in Africa Ligarius : tulit arma contra te. » Nunc quid dicis? « Cave ignoscas. » Hæc nec hominis, nec ad hominem vox est : qua qui apud te, C. Cæsar, utetur, suam citius abjiciet humanitatem, qnam extorquebit tuam.

VI. Ac primus aditus et postulatio Tuberonis hæc, ut opinor, fuit, velle se de Q. Ligarii scelere dicere. Non dubito quin admiratus sis, vel quod de nullo alio quisquam, vel quod is qui eadem causa fuisset, vel quid nam novi facinoris, afferret. Scelus tu illud vocas, Tubero? cur? isto enim nomine illa adhuc causa caruit : alii errorem appellant, alii timorem; qui durius, spem, cupiditatem, odium, pertinaciam; qui gravissime, temeritatem; scelus, præter te, adhuc nemo. Ac mihi quidem, si proprium et verum nomen nostri mali quæratur, fatalis quædam calamitas incidisse videtur, et improvidas hominum mentes occupavisse, ut nemo mirari debeat humana consilia divina necessitate esse superata.

Liceat esse miseros, quanquam hoc victore esse non possumus. Sed non loquor de nobis: de illis loquor qui occiderunt. Fuerint cupidi, fuerint irati, fuerint perti-

naces : sceleris vero crimine, furoris, parricidii, liceat Cn.
Pompeio mortuo, liceat multis aliis carere. Quando hoc
quisquam ex te, Cæsar, audivit? aut tua quid aliud arma
voluerunt, nisi a te contumeliam propulsare? quid egit
tuus ille invictus exercitus, nisi ut suum jus tueretur et
dignitatem tuam? Quid? tu, quum pacem esse cupiebas, id
ne agebas ut tibi cum sceleratis, an ut cum bonis civibus
conveniret.

Mihi vero, Cæsar, tua in me maxima merita tanta certe
non viderentur, si me ut sceleratum a te conservatum putarem. Quomodo autem tu de republica bene meritus esses; si tot sceleratos incolumi dignitate esse voluisses?
Secessionem tu illam existimavisti, Cæsar, initio, non bellum : non hostile odium, sed sivile dissidium : utrisque cupientibus rempublicam salvam, sed partim consiliis, partim studiis à communi utilitate aberrantibus. Principum
dignitas erat pæne par, non par fortasse eorum qui sequebantur. Causa tum dubia, quod erat aliquid in utraque
parte, quod probari posset : nunc melior certe ea judicanda
est, quam etiam dii adjuverunt. Cognita vero clementia tua,
quis non eam victoriam probet, in qua occiderit nemo,
nisi armatus?

2.ᵉ PARTIE
DU 2.ᵉ MOYEN :
*Rétorsion
de l'accusation
contre
l'accusateur.*

VII. Sed, ut omittamus communem causam, veniamus
ad nostram : utrum tandem existimas facilius fuisse, Tubero, Ligario ex Africa exire, an vobis in Africam non
venire? Poteramusne, inquis, quum senatus censuisset?
Si me consulis, nullo modo; sed tamen Ligarium senatus
idem legaverat. Atque ille eo tempore paruit, quum parere
senatui necesse erat : vos tum paruistis quum paruit nemo,
qui noluit. Reprehendo igitur? minime vero : neque enim
licuit aliter vestro generi, nomini, familiæ, disciplinæ: sed
hoc non concedo, ut, quibus rebus gloriemini in vobis,
easdem in aliis reprehendatis.

Tuberonis sors conjecta est ex senatusconsulto, quum
ipse non adesset, morbo etiam impediretur : statuerat excusare. Hæc ego novi propter omnes necessitudines, quæ
mihi sunt cum L. Tuberone: domi una eruditi, militiæ
contubernales, post affines, in omni denique vita familiares:
magnum etiam vinculum, quod iisdem studiis semper usi
sumus. Scio igitur Tuberonem domi manere voluisse: sed
ita quidam agebant, ita reipublicæ sanctissimum nomen

opponebant, ut, etiamsi aliter sentiret, verborum tamen ipsorum pondus sustinere non posset.

Cessit auctoritati amplissimi viri, vel potius paruit. Una est profectus cum iis, quorum erat una causa. Tardius iter fecit. Itaque in Africam venit jam occupatam. Hinc in Ligarium crimen oritur, vel ira potius. Nam si crimen est illum voluisse, non minus magnum est vos Africam, omnium provinciarum arcem, natam ad bellum contra hanc urbem gerendum, obtinere voluisse, quam aliquem se maluisse. Atque is tamen aliquis, Ligarius non fuit. Varus imperium se habere dicebat : fasces certe habebat. Sed quoquo modo sese illud habet, hæc querela vestra, Tubero, quid valet? Recepti in provinciam non sumus. Quid si essetis? Cæsarine eam tradituri fuissetis? an contra Cæsarem retenturi?

VIII. Vide quid licentiæ, Cæsar, nobis tua liberalitas det, vel potius audaciæ. Si responderit Tubero Africam, quo senatus eum sorsque miserat, tibi patrem suum traditurum fuisse, non dubitabo apud ipsum te, cujus id eum facere interfuit, gravissimis verbis ejus consilium reprehendere : non enim, si tibi ea res grata fuisset, esset etiam probata. Sed jam hoc totum omitto, non tam ut ne offendam tuas patientissimas aures, quam ne Tubero, quod nunquam cogitavit, facturus fuisse videatur. Veniebatis igitur in Africam provinciam, unam ex omnibus huic victoriæ maxime infestam ; in qua erat rex potentissimus, inimicus huic causæ, aliena voluntas, conventus firmi atque magni. Quæro, quid facturi fuistis? quanquam, quid facturi fueritis non dubitem, quum videam quid feceritis.

Prohibiti estis in provincia vestra pedem ponere, et prohibiti, ut perhibetis, summa cum injuria. Quomodo id tulistis? acceptæ injuriæ querelam ad quem detulistis? nempe ad eum cujus auctoritatem secuti, in societatem belli veneratis. Quod si Cæsaris causa in provinciam veniebatis, ad eum profecto exclusi provincia venissetis: venistis ad Pompeium. Quæ est ergo hæc apud Cæsarem querela, quum eum accusatis, a quo queramini vos prohibitos contra Cæsarem bellum gerere? Atque in hoc quidem vel cum mendacio, si vultis, gloriemini per me licet, vos provinciam fuisse Cæsari tradituros, nisi a Varo et quibusdam aliis prohibiti essetis: ego autem confitebor culpam esse Ligarii, qui vos tantæ laudis occasione privaverit.

IX. Sed vide, quæso, C. Cæsar, constantiam ornatissimi viri, L. Tuberonis : quam ego, quamvis ipse probarem, ut probo, tamen non commemorarem, nisi a te cognovissem in primis eam virtutem solere laudari. Quæ fuit igitur unquam in ullo homine tanta constantia? constantiam dico? nescio an melius patientiam possim dicere. Quotus enim istud quisque fecisset, ut, a quibus in dissensione civili non esset receptus, essetque etiam cum crudelitate rejectus, ad eos ipsos rediret? Magni cujusdam animi, atque ejus viri est, quem de suscepta causa propositaque sententia, nulla contumelia, nulla vis, nullum periculum possit depellere.

Ut enim cetera paria Tuberoni cum Varo fuissent, honos, nobilitas, splendor, ingenium ; quæ nequaquam fuerunt : hoc certe præcipuum Tuberonis fuit, quod justo cum imperio ex senatusconsulto in provinciam suam venerat. Hinc prohibitus, non ad Cæsarem, ne iratus; non domum, ne iners; non aliquam in regionem, ne condemnare causam illam, quam secutus esset, videretur; in Macedoniam, in Cn. Pompeii castra venit, in eam ipsam causam, a qua erat rejectus cum injuria.

Quid? quum ista res nihil commovisset ejus animum ad quem veneratis, languidiore, credo, studio in causa fuistis : tantummodo in præsidiis eratis; animi vero a causa abhorrebant. An, ut fit in civilibus bellis, nec in vobis magis, quam in reliquis, omnes vincendi studio tenebamur? Pacis equidem semper auctor fui; sed tum sero : erat enim amentis, quum aciem videres, pacem cogitare. Omnes, inquam, vincere volebamus; tu certe præcipue, qui in eum locum venisses, ubi tibi esset pereundum, nisi vicisses : quanquam, ut nunc se res habet, non dubito quin hanc salutem anteponas illi victoriæ.

X. Hæc ego non dicerem, Tubero, si aut vos constantiæ vestræ, aut Cæsarem beneficii sui pœniteret. Nunc quæro, utrum vestras injurias, an reipublicæ persequamini. Si reipublicæ, quid de vestra in ea causa perseverantia respondebitis? si vestras, videte ne erretis, qui Cæsarem vestris inimicis iratum fore putetis, quum ignoverit suis. Itaque num tibi videor, Cæsar, in causa Ligarii occupatus esse? num de ejus facto dicere? quidquid dixi, ad unam summam referri volo vel humanitatis, vel clementiæ, vel misericordiæ tuæ.

Causas, Cæsar, egi multas, et quidem tecum, dum te in foro tenuit ratio honorum tuorum : certe nunquam hoc modo : « Ignoscite, judices : erravit : lapsus est : non pu- » tavit : si unquam posthac. » Ad parentem sic agi solet. Ad judices : « Non fecit, non cogitavit, falsi testes, fictum » crimen. » Dic, te, Cæsar, de facto Ligarii judicem esse: quibus in presidiis fuerit quære. Taceo. Ne hæc quidem colligo, quæ fortasse valerent etiam apud judicem. Lega-tus ante bellum profectus, relictus in pace, bello oppressus, in eo ipso non acerbus, tum etiam totus animo et studio tuus. Ad judicem sic agit solet; sed ego ad parentem lo-quor : Erravi, temere feci, pœnitet : ad clementiam tuam confugio : delicti veniam peto : ut ignoscos oro. Si nemo impetravit, arroganter : si plurimi, tu idem fer opem, qui spem dedisti. An sperandi Ligario causa non sit, quum mihi apud te sit locus etiam pro altero deprecandi? quam-quam neque in hac oratione spes est posita causæ, nec in eorum studiis, qui a te pro Ligario petunt, tui necessarii.

XI. Vidi enim et cognovi, quid maxime spectares, quum pro alicujus salute multi laborarent; causas apud te rogantium gratiosiores esse, quam vultus ; neque te spectare, quam tuus esset necessarius is qui te oraret, sed quam illius pro quo laboraret. Itaque tribuis tu quidem tuis ita multa, ut mihi beatiores illi esse videantur interdum qui tua libera-litate fruuntur, quam tu ipse, qui illis tam multa concedis. Sed video tamen apud te causas, ut dixi, rogantium valere plus, quam preces : ab iisque te moveri maxime, quorum justissimum dolorem videas in petendo.

In Q. Ligario conservando multis tu quidem gratum fa-cies necessariis tuis : sed hoc, quæso, considera, quod so-les. Possum fortissimos viros, Sabinos, tibi probatis-simos, totumque agrum Sabinum, florem Italiæ ac robur reipublicæ, proponere. Nosti optime homines : animadverte horum omnium mœstitiam et dolorem : hu-jus T. Brocchi, de quo non dubito quid existimes, lacrymas squaloremque ipsius et filii vides. Quid de fratribus dicam? Noli, Cæsar, putare de unius capite nos agere. Aut tres tibi Ligarii retinendi in civitate sunt, aut tres ex civitate exterminandi. Quodvis exsilium his est optatius, quam patria, quam domus, quam dii pe-nates, uno illo exsulante. Si fraterne, si pie, si cum dolore faciunt, moveant te horum lacrymæ, moveat pietas, moveat germanitas. Valeat, tua vox illa, quæ vicit : te enim dicere audiebamus, nos, omnes adversarios putare, nisi qui nobiscum essent ; te, omnes, qui contra te non essent, tuos. Videsne igitur hunc splendorem, omnem hanc Brocchorum domum, hunc L. Marcium, C. Cæsetium, L. Corfidium, hosce omnes equites romanos qui adsunt, veste mutata, non solum notos tibi, verum etiam probatos viros, tecum fuisse? Atque his irascebamur, hos requirebamus, et his nonnulli etiam minabamur. Conserva igitur tuis suos, ut, quemadmodum cetera quæ dicta sunt a te, sic hoc verissimum reperiatur.

XII. Quod si penitus perspicere posses concordiam Ligariorum, omnes fratres tecum judicares fuisse. An potest quisquam dubitare, quin, si Q. Ligarius in Italia esse potuisset, in eadem sententia futurus fuerit in qua fratres fuerunt? Quis est, qui horum consensum conspirantem et pæne conflatum, in hac prope æqualitate fraterna, non noverit? Quis hoc non sentiat, quid vis prius futurum fuisse, quam ut hi fratres diversas sententias fortunasque sequerentur? Voluntate igitur omnes tecum fuerunt : tempestate abreptus est unus, qui, si consilio id fecisset, esset eorum similis, quos tu tamen salvos esse voluisti.

Sed ierit ad bellum ; discesserit non a te solum, verum etiam a fratribus : hi te horant tui. Equidem, quum tuis omnibus negotiis interessem, memoria teneo qualis T. Ligarius quæstor urbanus fuerit erga te et dignatem tuam. Sed parum est me hoc meminisse; spero etiam te, qui oblivisci nihil soles nisi injurias, quoniam hoc est animi, quoniam etiam ingenii tui, te aliquid de hujus illo quæstorio officio cogitantem, etiam de aliis quibusdam quæstoribus reminiscentem recordari. Hic igitur T. Ligarius, qui tum nihil egit aliud (neque enim hæc divinabat), nisi ut tu eum tui studiosum, et bonum virum judicares, nunc a te supplex fratris salutem petit. Quam, hujus admonitus officio, quum utrisque his dederis, tres fratres optimos et integerrimos, non solum sibi ipsos, neque his tot ac talibus viris, neque nobis necessariis suis, sed etiam reipublicæ condonaveris. Fac igitur, quod de homine nobilissimo et clarissimo, M. Marcello, fecisti nuper in curia, nunc idem in foro de optimis et huic omni frequentiæ probatissimis fratribus. Ut concessisti illum senatui, sic da

hunc populo, cujus voluntatem carissimam semper habuisti.
Et, si ille dies tibi gloriosissimus, populo romano gratissimus fuit, noli, obsecro, dubitare, C. Cæsar, similem illi
gloriæ laudem quam sæpissime quærere. Nihil est enim tam
populare, quam bonitas : nulla de virtutibus tuis plurimis
nec admirabilior nec gratior misericordia est. Homines enim
ad deos nulla re propius accedunt, quam salutem hominibus dando. Nihil habet nec fortuna tua majus, quam ut
possis; nec natura tua melius, quam ut velis servare quam
plurimos.

Longiorem orationem causa forsitan postulat; tua certe
natura breviorem. Quare, quum utilius esse arbitrer te
ipsum, quam aut me, aut quemquam, loqui tecum, finem jam faciam. Tantum te admonebo, si illi absenti salutem dederis, præsentibus his omnibus te daturum.

BEAUTÉS DE DÉTAIL.

EXORDE.

Autant César devait être dans l'impatience d'entendre
le prince des orateurs du barreau plaider la cause de celui
dont il tenait déjà l'arrêt de condamnation inscrit sur ses
tablettes, autant il devait se défier des séductions de son
éloquence. En venant s'asseoir sur son tribunal, il ne se
proposait que d'exercer sa critique, ou de satisfaire sa
curiosité. Cicéron déconcerte ses vues; il feint d'abandonner la défense de l'accusé et d'avouer les faits; il
renonce en apparence aux ressources de son art; et, sous
les apparences de la candeur et de la simplicité : il parvient à dérober aux yeux de César lui-même, attentif et
prévenu, une insinuation plus souple et plus adroite que
celle que nous admirons dans la plupart de ses exordes.
Les ruses et les détours de l'orateur sont si cachés, qu'ils
ont même échappé aux regards investigateurs de certains
critiques.

*I. Novum crimen, C. Cæsar, et ante hunc diem in-
auditum, propinquus meus ad te, Q. Tubero detulit,
Q. Ligarium in Africa fuisse ! idque C. Pansa, præs-*

tanti vir ingenio, fretus fortasse ea familiritate quæ est ei tecum, ausus est confiteri. Itaque quo me vertam nescio: paratus enim veneram, quum tu id neque per te scires, neque audire aliunde potuisses, ut ignoratione tua ad hominis miseri salutem abuterer. Sed quoniam diligentia inimici investigatum est id quod latebat, confitendum est, ut opinor, præsertim quum meus necessarius, Caius Pansa, fecerit ut id jam integrum non esset: omissaque controversia, omnis oratio ad misericordiam tuam conferenda est, qua plurimi sunt conservati, quum à te non liberationem culpæ, sed errati veniam impetravissent.

Dès les premiers mots, Cicéron appelle l'intérêt de César et la commisération du peuple sur son client, en butte à une accusation nouvelle et sans exemple : *Novum crimen... et ante hunc diem inauditum... ad te Q. Tubero detulit.* Mais de peur que cette plainte ne fasse soupçonner daus le défenseur du ressentiment contre Tubéron, il se hâte de l'appeler son parent (*) : *propinquus meus... Q. Tubero.* Les expressions qu'il emploie pour désigner le sujet de l'accusation sont assez claires pour être comprises de celui qui connaît la cause, assez générales pour ne réveiller aucune idée fâcheuse : *Q. Ligarium in Africa fuisse.*

Pansa, par son imprudence, a rendu plus difficile la défense de Ligarius en fesant l'aveu du fait. L'orateur le ménage ; il le nomme avec honneur ; il excuse son intention : cet intercesseur est l'ami de César, et son aveu marque sa confiance dans la bonté du vainqueur : *Idque C. Pansa, præstanti vir ingenio, fretus fortasse ea familiaritate quæ est ei tecum, ausus est confiteri.* Le défenseur désarme le juge en montrant son embarras : *Itaque quo me vertam nescio* il le touche par la naïveté de son aveu : *paratus enim veneram, quum tu id neque per te*

(*) Tubéron avait épousé une parente de Cicéron.

scires, neque audire aliunde potuisses, ut ignoratione tua ad hominis miseri salutem abuterer; il représente son client comme un malheureux trahi par la confiance de ses amis, poursuivi par la haine vigilante de ses ennemis : *Sed quoniam diligentia inimici investigatum est id quod latebat... præsertim quum meus necessarius, Caius Pansa, fecerit ud id jam integrum non esset.* C'est donc C. Pansa, cet homme honorable, l'ami de César, l'ami de Cicéron, le patron officieux de Ligarius, qui va le perdre si César ne le sauve. Dans cette douloureuse perplexité, l'avocat annonce au juge qu'il ne niera rien : *confitendum est, ut opinor,* qu'il ne contestera rien : *omissa que controversia;* et par là il inspire de la confiance en ses paroles, il prépare aux assertions qu'il fera bientôt; il déclare à César qu'il ne se confie qu'en sa clémence : *omnis oratio ad misericordiam tuam conferenda est;* il lui en rappelle les heureux effets à l'égard de tous ceux qui l'ont implorée : *qua plurimi sunt conservati, quum a te non liberationem culpæ, sed errati veniam impetravissent.* C. Pansa, Cicéron, et tous ceux qu'il nommera dans la suite, seraient-ils les premiers à éprouver un refus?

Est-il nécessaire de résumer les moyens d'insinuation de l'orateur, pour montrer qu'il a déjà excité l'attention universelle par la direction extraordinaire qu'il a fait prendre à sa cause, et qu'il a captivé au plus haut degré la bienveillance en faveur de son client, de sa personne et de sa cause? Si je ne craignais d'être trop long, combien de remarques à faire sur la rapidité et l'abondance, l'adresse et la simplicité qu'on admire dans cet exorde! En vérité, quelque prévenu qu'eût été César, il a dû résister avec peine à la douce et persuasive insinuation de l'orateur. Il connaissait les artifices de l'éloquence; mais l'avocat lui donnait-il le temps de les remarquer?

Plusieurs commentateurs de Cicéron ont cru que la première phrase de cet exorde était ironique. Je ne vois pas sur quoi ils peuvent appuyer leur sentiment : aucun mot dans la phrase ne le donne à penser; et si l'on considère les circonstances dans lesquelles parlait l'orateur, quoi de plus déplacé ! César encourage secrètement l'accusateur; il paraît sur le tribunal, ayant en main l'arrêt de con— damnation ; il donne à cette procédure l'appareil le plus imposant, pour rendre son arrêt plus redoutable; et au milieu de cette scène si grave, dans une conjoncture si embarrassante, Cicéron, d'un air triomphant et avec un ton ironique, aurait commencé en disant : « César, vous » avez à juger un crime nouveau, un forfait inoui : Li— » garius a été en Afrique... En vérité, mon embarras est » extrême. » L'orateur, par un pareil début, n'aurait-il pas blessé les convenances de la manière la plus choquante? n'aurait-il pas révolté l'orgueil du juge par une confiance aussi déplacée? N'est-il pas plus raisonnable de penser que Cicéron commença d'un ton modeste et calme, en disant: « César, Q. Tubéron, mon parent, a porté devant vous » une accusation nouvelle et sans exemple jusqu'à ce » jour. Il accuse Ligarius d'avoir été en Afrique; et ce » fait, C. Pansa, homme d'esprit et de sens, se fiant » peut-être sur l'amitié qui l'unit à vous, en a osé faire » l'aveu. Mon embarras est extrême. Persuadé que vous » n'en saviez rien par vous-même, et que nul autre n'avait » pu vous en instruire, j'étais venu avec le dessein de » profiter de l'ignorance où vous étiez, pour sauver un » malheureux. » On le voit, la suite des pensées est sé- rieuse, et l'on ne peut introduire l'ironie dans la première phrase, sans l'étendre aux phrases suivantes, ce qui de- viendrait ridicule et inconcevable; ou sans rompre l'enchaînement naturel et nécessaire des pensées. Ne cherchons donc pas une ironie où rien de plausible ne la peut faire admettre.

Habes igitur, Tubero, quod est accusatori maxime optandum, confitentem reum : sed tamen hoc confitentem se in ea parte fuisse qua te, Tubero, qua virum omni laude dignum, patrem tuum. Itaque prius de vestro delicto confiteamini necesse est quam Ligarii ullam culpam reprehendatis.

L'orateur, déjà plus enhardi, fait sentir les avantages de l'accusateur poursuivant un homme qui avoue tout : *Habes igitur, Tubero, quod est accusatori maxime optandum, confitentem reum.* Mais n'y a-t-il pas bien de la lâcheté dans cette conduite de Tubéron? et ne paraît-elle pas bien étrange, lorsqu'on apprend que lui, que son père, ont eux-mêmes embrassé le même parti? *Sed tamen hoc confitentem se in ea parte fuisse qua te, Tubero, qua virum omni laude dignum, patrem tuum.* Cicéron ne s'écarte pas du ton de bienveillance et de modération qui lui est encore nécessaire pour parler de ses adversaires : ce reproche n'est dans sa bouche qu'une simple observation, et il l'accompagne d'expressions honorables et flatteuses, *virum omni laude dignum.* Ces expressions d'ailleurs appliquées à un homme qui a suivi le même parti que son client, contribuent à placer celui-ci dans un jour favorable. Cependant, l'accusateur se trouve dans une situation bien embarrassante : *Itaque prius de vestro delicto confiteamini necesse est, quam Ligarii ullam culpam reprehendatis.* Celui qu'il poursuit s'avoue coupable ; que lui faut-il de plus ? que demande-t-il, lui, coupable de la même faute ? Cette conduite de Tubéron paraît bien mauvaise. Le voilà donc réduit, dès l'exorde, à se défendre lui-même. Ainsi, l'orateur excite l'attention de l'auditoire, en montrant l'intérêt que va présenter une cause si extraordinaire ; il prépare le juge à entendre ce qu'il dira de l'adversaire qu'il va combattre ; il affaiblit l'accusateur en prenant l'offensive contre lui : il le rend odieux et suspect ; mais il ne le devient pas lui—même en récriminant, parce qu'il s'exprime avec calme, qu'il observe des ménagemens, et que son langage, qui est celui de la modeste vérité, fait mieux sentir les torts de l'accusateur irréfléchi.

CONFIRMATION.

PREMIER MOYEN.

CIRCONSTANCES DU DÉPART DE LIGARIUS POUR L'AFRIQUE ET DE SON SÉJOUR DANS CETTE PROVINCE.

Il y a trois époques à distinguer : 1° le départ de Ligarius, sa promotion à la charge de préteur, et sa conduite dans cette dignité ; 2° la cession qu'il a faite de son autorité ; 3° enfin, son séjour en Afrique après l'arrivée de Varus. L'avocat affecte de parcourir successivement et par ordre ces trois époques différentes, pour donner à croire qu'il ne pense à éluder aucune difficulté, et qu'il ne veut tirer la justification de son client que de l'exposé clair et complet des circonstances ; mais vous verrez qu'en suivant l'ordre des faits il n'appuie que sur ceux qui sont favorables à sa cause. De plus longs développemens pouvaient paraître inutiles, l'affaire étant déjà suffisamment connue ; l'orateur profite de cet état de la cause pour passer sous silence tout ce qui n'était propre qu'à réveiller la colère de César : cependant, il semble rendre compte non seulement de toutes les démarches, mais encore de toutes les vues, de tous les sentimens, de toutes les pensées, du caractère même de Ligarius, et vouloir mettre son ame à nu, pour convaincre de l'impossibilité des mauvais desseins qu'on lui attribue.

Cette espèce de narration est un chef-d'œuvre d'art et de naturel ; il y règne cet air de vérité et de simplicité qui attire la confiance et opère la persuasion : elle n'est pas moins remarquable par ce que l'orateur à l'adresse de passer sous silence, que par la délicatesse avec laquelle il présente ce qu'il est de son intérêt de mettre au grand jour.

Q. enim Ligarius, quum esset nulla belli suspicio, legatus in Africam cum C. Considio profectus est: qua in legatione et civibus et sociis ita se probavit, ut decedens Considius provincia satisfacere hominibus non posset, si quemquam alium provinciæ præfecisset. Itaque Q. Ligarius, quum diu recusans nihil profecisset, provinciam accepit invitus: cui sic præfuit in pace, ut et civibus et sociis gratissima esset ejus integritas et fides.

Bellum subito exarsit, quod qui erant in Africa ante audierunt geri quam parari: quo audito, partim cupiditate inconsiderata, partim cæco quodam timore, primo salutis, post etiam studii sui quærebant aliquem ducem: quum Ligarius, domum spectans, et ad suos redire cupiens, nullo se implicari negotio passus est. Interim P. Attius Varus qui prætor Africam obtinuerat, Uticam venit: ad eum statim concursum est; atque ille non mediocri cupiditate arripuit imperium, si illud imperium esse potuit quod ad privatum clamore multitudinis imperitæ, nullo publico consilio, deferebatur. Itaque Ligarius, qui omne tale negotium cuperet effugere, paulum adventu Vari conquievit.

II. Adhuc, C. Cæsar, Q. Ligarius omni culpa vacat. Domo est egressus non modo nullum ad bellum, sed ne ad minimam quidem suspicionem belli: legatus in pace profectus, in provincia pacatissima ita se gessit, ut ei pacem esse expediret. Profectio certe animum tuum non debet offendere: num igitur remansio? multo minus; nam profectio voluntatem habuit non turpem, remansio etiam necessitatem honestam. Ergo hæc duo tempora carent crimine: unum, quum est legatus profectus; alterum, quum efflagitatus a provincia, præpositus Africæ est.

Tertium est tempus, quo post adventum Vari in Africa, restitit: quod si est criminosum, necessitatis crimen est,

non voluntatis. An ille, si potuisset illinc ullo modo evá-
dere, Uticæ potius, quam Romæ, cum P. Attio, quam
cum concordissimis fratribus ; cum alienis esse, quam cum
suis maluisset? quum ipsa legatio plena desiderii ac solli-
citudinis fuisset propter incredibilem quemdam fratrum
amorem, hic æquo animo esse potuit belli dissidio distrac-
tus a fratribus?

1.re ÉPOQUE.
Départ
de Ligarius,
sa promotion
à la charge
de préteur,
et sa conduite
dans
cette dignité.

Q. enim Ligarius, quum esset nulla belli suspicio,

L'excuse avant l'aveu du fait : il est plus facile et plus
sûr de prévenir les mauvaises impressions que de les détruire.

Legatus in Africam cum C. Considio profectus est :

Comme ce départ est bien motivé ! L'accusé ne part que
pour aller remplir sa charge ; et qui peut soupçonner une
mauvaise intention dans un lieutenant qui accompagne son
préteur?

Qua in legatione et civibus et sociis ita se probavit, ut
decedens Considius provincia satisfacere hominibus non
posset, si quemquam alium provinciæ præfecisset.

L'éloge de Ligarius vient se mêler au récit et à la justification de sa conduite : ni l'ambition, ni la brigue, ni une
basse cupidité, ne le portent à une dignité à laquelle tant
d'autres aspirent pour satisfaire leur avarice, à laquelle il
eût aspiré s'il eût eu les desseins qu'on lui prête : il est ap—
pelé par les vœux et les suffrages empressés des citoyens et
des alliés qui font une espèce de violence à Considius. Le
peuple ne doit-il pas s'intéresser à la conservation d'un
homme si populaire?

Itaque Q. Ligarius, quum diu recusans nihil profecisset,
provinciam accepit invitus :

Ligarius a reçu la charge de préteur, le défenseur environne cet aveu de plusieurs correctifs ; *Diu recusans, nihil*
profecisset, et ensuite cet *invitus* qui se montre à la fin de
la phrase et accompagne *accepit* pour le faire passer sans
murmure ; ce n'est pas assez :

Cui sic præfuit in pace, ut et civibus et sociis gratis-
sima esset ejus integritas et fides.

Combien les alliés doivent se réjouir de recevoir, combien les citoyens romains doivent s'applaudir d'envoyer de
pareils gouverneurs, dans un temps où la vénalité des
charges et l'infatigable rapacité des préteurs accablent les
provinces, absorbent les ressources de l'état, et rendent
partout insupportable l'empire de la république !

Que Ligarius ait accepté la charge de préteur sans intention hostile, soit; mais, voyant qu'on se préparait à la
guerre, pourquoi ne pas rentrer dans Rome ? Le défenseur prévient cette objection et la repousse avec une
force et une concision remarquable :

Bellum subito exarsit, quod qui erant in Africa ante
audierunt geri quam parari: quo audito, partim cupiditate
inconsiderata, partim cæco quodam timore, primo salutis,
post etiam studii sui quærebant aliquem ducem: quum
Ligarius, domum spectans, et ad suos redire cupiens,
nullo se implicari negotio passus est.

Il est beau de voir comme Cicéron fait ressortir le caractère pacifique de Ligarius au milieu du trouble, des
inquiétudes, de l'agitation des esprits, de la confusion des
affaires, de l'effervescence des passions : il le peint comme
un homme ennemi des guerres et des dissensions, qui
cherche le repos, qui soupire après la patrie: tout son vœu
est de se voir rendu au calme de la société domestique, à
ses parens, à ses amis. Ce n'est là qu'une assertion; mais
elle dispose à voir sous un jour favorable les circonstances
que va citer l'orateur, et ces circonstances justifient son assertion. C'est ainsi que dans une narration les interprétations
et les faits doivent s'appuyer réciproquement pour produire
la vraisemblance.

Interim P. Attius Varus qui prætor Africam obtinuerat,
Uticam venit: ed aum statim concursum est;

2.ᵉ ÉPOQUE.
Sa retraite
des affaires.

Lorsque Varus, obligé de céder l'Italie à César, s'était réfugié en Afrique, il lui avait été facile de s'emparer de l'autorité chez des peuples accoutumés à lui obéir. Au lieu d'attribuer cette usurpation de Varus à l'influence qu'il s'était acquise dans la province, l'orateur l'explique par les goûts pacifiques de son client qui détachèrent de sa personne des hommes qui cherchaient un chef de parti. Rien de plus plausible et de plus favorable à la cause de l'accusé que cette explication : si Ligarius avait eu le caractère d'un chef de parti, s'il avait été l'ennemi de César, aurait-on abandonné l'homme dont on chérissait le gouvernement, pour courir après un aventurier? lui-même l'aurait-il cédé si facilement s'il avait voulu faire la guerre? Dans les œuvres des grands orateurs, comme dans les ouvrages des bons architectes, toutes les parties se soutiennent et se lient sans s'embarrasser. Pourquoi Cicéron a-t-il représenté l'attachement qu'avait la province pour Ligarius, si ce n'est pour faire sentir qu'elle n'avait ensuite renoncé à son administration que parce qu'il ne montrait aucune disposition hostile? A présent comment prouve-t-il les intentions pacifiques de son client et la répugnance avec laquelle il a reçu la qualité de préteur? c'est par la facilité avec laquelle il a abandonné le pouvoir. Il fait contraster ce dégoût du pouvoir avec l'empressement illégal et désordonné d'Actius Varus.

Atque ille non mediocri cupiditate arripuit imperium, si illud imperium esse potuit quod ad privatum clamore multitudinis imperitæ, nullo publico consilio, deferebatur. Itaque Ligarius, qui omne tale negotium cuperet effugere, paulum adventu Vari conquievit.

Cette expression, *conquievit*, dont la vérité se fonde sur la connaissance qu'a donnée l'orateur du caractère de son client, est très-heureusement placée à la fin de la phrase,

(39)

pour faire sensir la fatigue qu'éprouvait Ligarius , et le besoin qu'il avait de prendre un instant de repos avant de
s'acheminer vers Rome.

Mais avant de passer à cette troisième époque où il n'aura
guères qu'une conjecture à alléguer, le défenseur s'appuie
solidement sur la justification de la conduite de son client,
pendant les deux premières ; il s'applique à faire sentir par
un résumé clair et rapide la valeur des explications qu'il a
données.

*II. Adhuc, C. Cæsar, Q. Ligarius omni culpa
vacat. Domo est egressus non modo nullum ad bellum, sed ne ad minimam quidem suspicionem belli: legatus in pace profectus, in provincia pacatissima ita se
gessit, ut ei pacem esse expediret. Profectio certe animum tuum non debet offendere: num igitur remansio?
multo minus; nam profectio voluntatem habuit non turpem, remansio etiam necessitatem honestam. Ergo hæc
duo tempora carent crimine: unum, quum est legatus profectus; alterum, quum, efflagitatus a provincia, præpositus Africæ est.*

Si les antithèses et les membres de phrases parfaitement
symétrisés fatiguent par un retour trop fréquent, et donnent
au style un air trop maniéré , rien n'est plus propre ,
quand on a su les ménager, à présenter une pensée dans
toute sa netteté, sa force et sa vivacité. On aura remar-
qué le bon effet que produisent dans ce court résumé,
ces petits membres de phrase coupés et correspondans,
dont chacun renferme une pensée complète , surtout ceux-
ci : *Legatus in* PACE *profectus, in provinciâ* PACATIS-
SIMA *ità se gessit, ut ei* PACEM *esse expediret.* Cette
sorte d'affectation de répéter la même expression dans
chaque partie de la phrase produit un effet excellent : la
paix et toujours la *paix* ; il n'y avait que la *paix* qui
pût convenir à Ligarius.

Lorsque l'avocat arrive à cette troisième époque, la plus difficile des trois à expliquer, il est fort des succès qu'il vient d'obtenir en parlant des deux autres, et capable d'inspirer une confiance anticipée en ses preuves. Nul doute qu'il ne soit gêné pour parler des cicoustances qui déterminèrent Ligarius à rester en Afrique; mais il ne montre aucun embarras: il a tout disposé d'avance; il ne sera pas obligé de s'arrêter dans une discussion si épineuse; il n'a plus que des conséquences à tirer de ce qu'il a dit et de ce qu'il a insinué. Ainsi, au lieu de citer des faits vraisemblablement défavorables à sa cause par plusieurs endroits, au lieu de rappeler des incidens qui exigeraient des longueurs interminables, et qu'on ne peut souvent bien apprécier que sur les lieux et dans les circonstances mêmes, il ne s'appuie que sur des conjectures.

Tertium est tempus, quo post adventum Vari in Africa restitit : quod si est criminosum, nessessitatis crimen est, non voluntatis.

Le souvenir des circonstances dont l'orateur ne voulait pas aborder l'histoire était nécessairement réveillé par la question qu'il agitait, et cette agglomération de faits dont il ne fournissait pas l'explication, s'ils ne convainquaient pas absolument l'accusé, devaient au moins déposer en secret contre lui, et prévenir défavorablement les esprits. Cicéron détruit, ou, si l'on veut, il affaiblit cette impression, en insinuant par ce mot *criminosum* que, s'il y a une faute, il faut l'attribuer aux circonstances dont le concours a pu être malheureux, mais que la nécessité excuse Ligarius; et pour prouver cette nécessité, il fait valoir avec force tout ce qui l'appellait dans sa patrie.

An ille, si potuisset illinc ullo modo evadere, Uticæ potius, quam Romæ; cum P. Attio, quam cum concordissimis fratribus; cum alienis esse, quam cum suis

*maluisset? quum ipsa legatio plena desiderii ac sollici-
tudinis fuisset propter incredibilem quemdam fratrum
amorem, hic æquo animo esse potuit belli dissidio distractus à fratribus?*

Ce n'était pas sans raison qu'il insistait tout-à-l'heure
sur la conduite injuste, violente, et si offensante envers
Ligarius, de ce P. Actius qu'il met à présent en regard
avec des frères tendrement chéris.

DEUXIÈME MOYEN.

COMPARAISON DE L'ACCUSÉ AVEC LE DÉFENSEUR ET L'ACCUSATEUR.

*Nullum igitur habes, Cæsar, adhuc in Q. Ligario si-
gnum alienæ a te voluntatis: cujus ego causam animadverte, quæso, qua fide defendam, quum prodo meam.
O clementiam admirabilem, atque omni laude, prædicatione, litteris, monumentisque decorandam! M. Cicero
apud te defendit, alium in ea voluntate non fuisse, in
qua seipsum confitetur fuisse; nec tuas tacitas cogitationes
extimescit, nec, quid tibi, de alio audienti, de seipso occurrat, reformidat.*

1° Comparaison
avec
le défenseur.

— Cette bonne foi de l'avocat qui trahit sa propre cause
en défendant celle de son client, cette exclamation si
bien placée et si expansive où son ame reconnaissante
s'abandonne au sentiment de l'admiration, et semble ne
pouvoir pas assez se répandre, cette confiance enfin et
cet abandon si touchant, tout est propre à émouvoir le
cœur de César, et à le disposer à entendre avec faveur
Cicéron qui pousse la hardiesse jusqu'à s'accuser devant
le vainqueur lui-même d'avoir été se joindre à ses ennemis, tout en excusant les intentions et les desseins de Ligarius.

Il fait remarquer à César une résolution si extraordinaire,
et qui ne lui est inspirée que par l'admirable générosité
du vainqueur :

III. Vide, quam non reformidem; vide, quanta lux liberalitatis et sapientiæ tuæ mihi apud te dicenti oboriatur.

Combien cette manière si noble et si brillante de s'exprimer, cet enthousiasme presque poétique devait flatter l'orgueilleux dictateur !

L'orateur s'anime encore davantage ; il semble regretter de ne pouvoir remplir l'univers de la louange de César ; il élève la voix, il la fait retentir dans le forum pour apprendre du moins au peuple romain ce qu'il doit à son bienfaiteur; il s'étonne de la générosité de César ; il semble ne pouvoir la comprendre et l'estimer assez; il énumère avec complaisance tous les bienfaits qu'il a reçus; il montre autant de plaisir à les rappeler que César en a eu à les accumuler ; il les embellit ; il les fait briller dans tout leur éclat : son cœur en est tout pénétré; il ne peut se satisfaire :

Quantum potero voce contendam, ut hoc populus romanus exaudiat. Suscepto bello, Cæsar, gesto etiam ex magna parte, nulla vi coactus, judicio ac voluntate ad ea arma profectus sum, quæ erant sumta contra te (*). Apud quem igitur hoc dico? nempe apud eum qui, quum hoc sciret, tamenme, antequam vidit, reipublicæ reddidit; qui ad me ex Ægypto litteras misit, ut essem idem, qui fuissem; qui, quum ipse imperator in toto imperio populi romani unus esset, esse me alterum passus est; a quo, hoc ipso C. Pansa mihi nuntium perferente, concessos fasces laureatos tenui, quoad tenendos putavi; qui mihi tum denique se salutem putavit dare, si eam nullis spoliatam ornamentis dedisset (**).

(*) Cicéron ne se détermina enfin à suivre Pompée qu'après que ce général eut quitté l'Italie, c'est-à-dire, environ cinq mois après que les hostilités eurent commencé. Il ne se trouva pas à la bataille de Pharsale; le mauvais état de sa santé l'avait retenu à Dirrachium.

(**) Cicéron, depuis son retour de la Cilicie, où quelques succès mi-

Ce magnifique remercîment n'est point inutile à la cause. Soulevons maintenant le voile d'éloquence dont l'orateur a couvert son raisonnement. « César, vous m'avez pardonné, à moi qui partis librement, avec réflexion, long-temps après les premières hostilités ; pourriez-vous refuser le pardon à Ligarius, qui ne s'éloigna de Rome qu'à regret, et qui abandonna le commandement pour ne point armer contre vous? » On a vu avec quel art il a aggravé sa faute, comme il en a exagéré les circonstances, comme il les a présentées sous les couleurs les moins favorables, après avoir excusé et presque justifié Ligarius. Ce contraste tend à affaiblir les torts de l'accusé, et donne à l'orateur le droit de comparer son client à l'accusateur.

Se tournant alors vers Tubéron, d'un ton plein de confiance :

Vide, quæso, Tubero, ut, qui de meo facto non dubitem dicere, de Ligarii non audeam confiteri. Atque hæc propterea de me dixi, ut mihi Tubero, quum de se eadem dicerem, ignosceret. Cujus ego industriæ gloriæque faveo, vel propter propinquam cognationem, vel quod ejus ingenio studiisque delector, vel quod laudem adolescentis propinqui existimo etiam ad meum aliquem fructum redundare.

De froids complimens, de vagues louanges, et de simples assurances d'attachement n'auraient pas été un passe-port bien sûr aux reproches sévères et à la terrible accusation qui vont suivre. Cicéron précise les éloges qu'il adresse à Tubéron; il expose les motifs de l'intérêt qu'il lui porte; il fait comprendre enfin que, s'il attaque son jeune pa-

2.º *Parallèle de l'accusé et de l'accusateur.*

____

ditaires lui avaient fait donner par ses soldats le titre d'*imperator*, n'étant point rentré dans Rome, avait, suivant l'usage, conservé les faisceaux couronnés de lauriers. C'est ce titre, ce sont ces marques de dignité que, dans sa lettre, César l'invitait à garder. Il les quitta peu de temps après, en rentrant dans la ville.

rent, c'est qu'il y est contraint par sa cause. D'ailleurs, rappelons-nous encore qu'il ne l'accuse qu'après s'être chargé lui-même. Après ces précautions, il commence :

Sed hoc quæro, quis putet esse crimen, fuisse in Africa Ligarium? nempe is qui et ipse in eadem Africa esse voluit, et prohibitum se a Ligario queritur, et certe contra ipsum Cæsarem est congressus armatus. Quid enim, Tubero, destrictus ille tuus in acie pharsalica gladius agebat? cujus latus ille mucro petebat? qui sensus erat armorum tuorum? quæ tua mens? oculi? manus? ardor animi? quid cupiebas? quid optabas? Nimis urgeo: commoveri videtur adolescens: ad me revertar: iisdem in armis fui.

Quelle force ! quelle rapidité ! quel feu ! quel tableau ! Ne voyez-vous pas briller le fer dans les mains de Tubéron, son glaive s'armer, partager sa colère et chercher de lui-même le sein dans lequel il veut se plonger? Heureuse hardiesse que nos langues modernes trop raisonneuses et trop timides ne pourraient supporter. L'imagination de César ne doit-elle pas le transporter sur le champ de bataille, l'occuper du soin d'échapper à la mort, et lui montrer Tubéron acharné à le poursuivre? L'orateur fait diversion au ressentiment dont le cœur du juge est rempli, par la colère qu'il lui inspire contre l'accusateur. Aussi, si l'on en croit Plutarque, qui aime un peu trop les anecdotes curieuses, les tablettes où était écrit l'arrêt de Ligarius tombèrent des mains de César, et le triomphe de l'orateur fut dès-lors assuré.

« Tout cela, comme Rollin le fait observer, se réduit à dire que Tubéron lui-même s'est trouvé à Pharsale, et qu'il a combattu contre César. Mais quelle force ne donnent pas à la pensée tant et de si vives figures réunies dans un si petit nombre d'incises, et cette succession rapide de synonymes gradués par leur emploi dans l'expression? avec

quelle adresse, avec quelle vigueur l'orateur peint, devant
César, l'accusateur de Ligarius, cherchant César dans la
mêlée, ses yeux le poursuivant dans tous les rangs, son
épée prête à se plonger dans son sein ! Cette apostrophe, la
plus vive, la plus éloquente peut-être qui soit dans Cicéron,
a toujours été admirée par les maîtres de l'art. »

Après cette impétueuse attaque, Cicéron s'arrête : ce
qu'il ajouterait ne pourrait qu'affaiblir l'impression qu'il
vient de produire ; mais il a l'air de suspendre ses coups par
pitié pour Tubéron, dont il a la malice de faire remarquer
le trouble : *Nimis urgeo: commoveri videtur adolescens;*
et comme s'il voulait adoucir la blessure qu'il vient de faire,
il revient à lui ; il s'accuse : *Ad me revertar: iisdem in
armis fui.* Vous le voyez, sa confession n'est pas longue ;
c'est qu'en effet au lieu de songer à se mettre sur la même
ligne que Tubéron, il n'affecte cette intention qu'afin de
paraître employer des ménagemens à l'égard de son adversaire. Peut-être même, lorsqu'il a l'air de lui tendre la
main, veut-il le frapper encore, à la dérobée, en donnant
lieu à une comparaison qui est toute désavantageuse à celui-
ci ; car Tubéron qui s'est trouvé à la bataille de Pharsale
a montré bien plus d'animosité contre César, que Cicéron,
lui qui n'a jamais combattu, lui qui n'a jamais conseillé que
la paix.

Je hasarde cette remarque sans y attacher plus d'impor-
tance qu'elle n'en mérite. Il faut du moins convenir que les
bons orateurs ont souvent plusieurs intentions en plaçant un
mot, que bien des choses échappent à l'examen de leurs
ouvrages, et que souvent, conduits par une sorte d'instinct,
si j'ose ainsi m'exprimer, ils ne se rendent pas compte à eux-
mêmes de toutes les finesses qu'ils répandent dans leur
style,

Si l'on veut s'arrêter au sens direct de ces mots : *Iisdem in armis fui*, on les rapprochera d'un passage du sermon de Massillon sur le petit nombre des élus, où l'on remarque à peu près la même précaution. « Je vous le demande, dit-il, et je » vous le demande frappé de terreur, *ne séparant pas en ce* » *point mon sort du vôtre*, et me mettant dans la même » disposition où je souhaite que vous entriez. » Ces tournures oratoires servent beaucoup à concilier la bienveillance de l'auditoire, et montrent un orateur plein de modestie. Celle de Cicéron paraît avoir quelque chose de plus adroit, parce que venant après coup, elle annonce moins de réflexion ; elle a aussi quelque chose de plus fort, parce qu'elle laisse d'abord à lui seul l'adversaire qu'il apostrophe.

TROISIÈME MOYEN.

ODIEUX DE L'ACCUSATION.

Ce qui rend l'accusation odieuse, c'est 1° l'impudence de l'accusateur poursuivant un homme qui n'est pas plus coupable que lui ; 2° c'est l'acharnant de sa haîne : l'exil de Ligarius ne lui suffit pas, il demande son sang ; 3° c'est enfin l'atrocité de sa démarche : au milieu d'intercesseurs qui sollicitent une grace, lui, vient pousser un cri de vengeance.

La pensée qui commence ce développement fournit à l'orateur une transition insensible pour aller du deuxième moyen au troisième : Cicéron vient de prouver à Tubéron qu'il n'est pas plus irréprochable que Ligarius ; cette réflexion suit tout naturellement : comment donc osez-vous l'accuser ?

1.° Impudence de l'accusateur.

IV. Quid autem aliud eginus, Tubero, nisi ut quod hic potest, nos possemus ? Quorum igitur impunitas, Cæsar, tuæ clementiæ laus est, eorum ipsorum ad crudelitatem te acuet oratio ? Atque in hac causa nonnihil equidem, Tubero, tuam, sed multo magis patris tui prudentiam de-

*sidero: quod homo quum ingenio, tum etiam doctrina ex-
cellens, genus hoc causæ quod esset non viderit. Nam, si vidisset, quovis profecto quam isto modo a te agi maluisset
Arguis fatentem : non est satis : accusas eum qui causam
habet, aut, ut ego dico, meliorem, quam tu; aut, ut tu
vis, parem.*

Dans ce peu de mots : *Quid autem aliud egimus, Tubero, nisi ut quod hic (Cæsar) potest, nos possemus?*
l'orateur fesant comprendre que les désirs et les espérances
du parti de Pompée pouvaient être couronnés de succès,
suppose un moment César au rang des vaincus, et par le
retour qu'il lui donne lieu de faire sur lui-même dans
cette situation hypothétique, il le porte à la compassion
pour des hommes dont le sort eût été le sien, si les
chances de la guerre lui eussent été défavorables. Mais
ce motif de miséricorde, qui eût été offensant s'il eût
été clairement expliqué, il le resserre dans une phrase très-
courte, il l'enveloppe d'expressions générales, il le dissi-
mule sous la forme d'une transition et d'une simple inter-
rogation à son adversaire. Et puis, s'il renferme encore
quelque chose de trop rude, il est bientôt adouci par
l'éloge de la clémence de César, mais il est en même
temps soutenu par le blâme de la démarche de Tubéron
qui a sitôt oublié sa première fortune :

*Quorum igitur impunitas, Cæsar, tuæ clementiæ laus
est, eorum ipsorum ad crudelitatem te acuet oratio?*

Combien la bonté de César opposée à la cruauté de
ses ennemis est propre à renforcer la pensée de l'orateur,
et à répandre de l'odieux sur Tubéron ! Cicéron pro-
fitant de l'autorité de son âge et de son nom, le presse
et l'accable en affectant de le ménager, et de faire retomber
la faute du fils sur le père : .

Atque in hac causa nonnihil equidem, Tubero, tuam, sed

multo magis patris tui prudentiam desidero: quod homo quum ingenio, tum etiam doctrina excellens, genus hoc causæ quod esset non viderit. Nam, si vidisset, quovis profecto quàm isto modo a te agi maluisset.

« Vous êtes encore jeune, semble-t-il lui dire ; l'inexpérience peut être la cause de vos indiscrétions ; mais comment votre père ne vous a-t-il point arrêté? Je ne reconnais point là sa prudence. » Pour y suppléer, Cicéron déposant tout ornement de style, toute figure oratoire, et se réduisant à la simplicité d'une conversation particulière, remet devant les yeux de ce jeune homme l'étrangeté de sa conduite, son inconséquence sans pareille, son inconcevable folie :

Arguis fatentem: non est satis: accusas eum qui causam habet, aut, ut ego dico, meliorem, quam tu; aut, ut tu vis, parem.

2.° *Acharnement de sa haine.*

Tubéron n'en sera pas quitte pour cet avertissement charitable ; son tuteur officieux lui va faire une verte réprimande, et lui donner une leçon d'humanité que sans doute il n'oubliera pas.

Hæc admirabilia sunt, sed prodigii simile est quod dicam. Non habet eam vim ista accusatio, ut Q. Ligarius condemnetur, sed ut necetur. Hoc egit civis romanus ante te nemo ; externi isti sunt mores: usque ad sanguinem incitari solet odium aut levium Græcorum, aut immanium Barbarorum. Nam quid aliud agis? ut Romæ ne sit? ut domo careat? ne cum optimis fratribus, ne cum hoc T. Broccho, avunculo suo, ne cum ejus filio, consobrino suo, ne nobiscum vivat? ne sit in patria? Num est? Num potest magis carere his omnibus, quam caret? Italia prohibetur, exsulat. Non tu ergo hunc patria privare qua caret, sed vita, vis.

Que ces interrogations sont vives et pressantes! que ces reproches sont amers! mais ils sont mérités: il frappe coup sur coup son adversaire ; il ne lui donne pas le temps de se reconnaître ; il attendrit sur le sort de Ligarius qu'on poursuit avec un acharnement sans exemple ; il met de son côté le peuple romain qu'il élève, par l'humanité qui le distingue, au-dessus de tous les autres peuples.

Voyez les conséquences de cette vigoureuse sortie : César osera-t-il approuver la conduite folle et inconséquente de ce jeune étourdi, partager son atroce vengeance, abjurer les mœurs romaines, et lancer sur Ligarius un arrêt sanglant ? Où serait sa clémence et que penserait le peuple ?

Cicéron continue de l'enchaîner en poursuivant son apostrophe, il reproche à Tubéron de vouloir rendre César plus cruel que Sylla, que Sylla, dont le nouveau vainqueur a puni les suppôts. Ce reproche a quelque chose de hardi ; mais l'orateur le fait retomber tout entier sur l'accusateur qu'il accuse lui-même d'outrager la clémence du juge ; il le mêle aux mouvemens impétueux qui l'entraînent ; il le termine par l'éloge de la juste vengeance que, dix-sept ans après la proscription de Sylla, César avait tiré des odieux agens du cruel dictateur, lorsque, nommé commissaire pour les causes de meurtre, il condamna comme assassins ceux qui avaient reçus de l'argent pour les têtes des proscrits qu'ils avaient massacrés. Il voulait par-là se concilier la faveur populaire qu'avait toujours eue le parti de Marius : Cicéron attribue cette conduite à un motif plus honorable.

At istud ne apud eum quidem dictatorem, qui omnes quos oderat morte multabat, quisquam egit isto modo. Ipse jubebat occidi, nullo postulante ; præmiis etiam invitabat. Quæ tamen crudelitas ab eodem aliquot annis post, quem tu nunc crudelem esse vis, vindicata est.

Cependant il lui semble en avoir trop dit contre Tubéron ; et pour adoucir ce qu'il y avait eu de trop piquant dans ses paroles, il va le louer, en rappelant avec une complaisance marquée ses belles qualités et ses goûts ; il va l'excuser, et pour ainsi dire demander grace pour lui. Quand il a abattu son ennemi, il a l'air de lui tendre la main, mais véritablement il enfonce encore son arme en feignant de la retirer « Non , il ne faut point accuser ici Tubéron de cruauté. Pourquoi? C'est qu'elle serait trop atroce ; il faut croire que c'est irréflexion de sa part, mais il faut convenir que l'imprudence ne peut aller plus loin. »

V. Ego vero istud non postulo, inquies. Ita mehercle existimo, Tubero: novi enim te, novi patrem, novi domum nomenque vestrum; studia denique generis ac familiœ vestrœ, virtutis, humanitatis, doctrinœ, plurimarum artium atque optimarum, nota sunt mihi omnia. Itaque certo scio vos non petere sanguinem: sed parum attenditis: res enim eo spectat, ut ea pœna, in qua adhuc Q. Ligarius sit, non videamini esse contenti. Quœ est igitur alia præter mortem? Si enim in exsilio est, sicuti est, quid amplius postulatis? an, ne ignoscatur? hoc vero multo acerbius, multoque est durius.

Cette idée doit plaire beaucoup au vainqueur, à qui l'on représente la mort plus douce pour les citoyens que son inimitié, et ses bonnes graces un présent plus estimable que la vie même. Ces complimens si obligeans , ces interprétations si favorables ne sont qu'une préparation et une transition à la nouvelle attaque qui va suivre.

Atrocité de sa démarche. *Quod nos domi petimus, precibus et lacrymis, prostrati ad pedes, non tam nostrœ causœ fidentes, quam hujus humanitati, id ne impetremus pugnabis? et in nostrum fletum irrumpes? et nos jacentes ad pedes, supplicum voce prohibebis?*

Un pareil procédé est infàme; il révolte une ame tant soit peu honnête; quel jugement en portera le cœur de César? Cicéron ne se contente pas de rendre la pensée; il met tout en peinture : il vous montre d'un côté des supplians à genoux adressant au vainqueur une humble prière, arrosant ses pieds de leurs larmes; de l'autre, un être farouche qui trouble les intercesseurs et étouffe leurs sanglots.

Il semble que dans cet odieux tableau l'orateur ait épuisé toutes les ressources de son imagination ; cependant il n'y a pas encore mis la dernière main. Si le fond du sujet est incapable de le servir, une brillante hypothèse, cette figure si vive et si hardie, et qui produit presque autant d'effet que la réalité même, lorsquelle est habilement ménagée, va remplir à souhait son intention : il porte les yeux des spectateurs vers la maison de César, qu'il choisit pour le lieu de la scène : c'est là que sont réunis les supplians aux genoux du dictateur, lorsque Tubéron survient tout-à-coup et s'écrie : « César, point de pardon, point de pitié pour des frères qui prient en faveur d'un frère. » De cette supposition, l'orateur ramène aussitôt à la réalité ; il intéresse dans sa cause tous les parents, tous les amis des partisans de Pompée ; il montre Tubéron fesant entendre ce funeste cri contre eux, sur la place publique et devant tout le peuple :

Si, cum hoc domi faceremus, quod et fecimus, et, ut spero, non frustra fecimus, tu de repente irrupisses, et clamare cœpisses: « Cæsar, cave ignoscas, cave te fratrum »pro fratris salute obsecrantium misereatur », nonne omnem humanitatem exuisses? Quanto hoc durius, quod nos domi petimus, id te in foro opugnare ? et in tali miseria multorum, perfugium misericordiæ tollere?

Rebuté par de si désolantes images, épouvanté de tant de haine et de cruauté, l'orateur semble venir se reposer dans le sein paternel de César; se confier à sa clémence et il exalte cette vertu et il l'embellit en la fesant contraster avec les odieux procédés de Tubéron, avec les dispositions haineuses de ces hommes qui voudraient entraîner le vainqueur à la vengeance, et couvrir la république d'un deuil affreux;

mais s'il en dit assez pour faire comprendre sa pensée, il n'ose s'expliquer ouvertement, de peur d'irriter des hommes puissans qu'il est contraint de ménager.

Dicam plane, C. Cæsar, quod sentio. Si in hac tanta tua fortuna lenitas tanta non esset quantam tu per te, per te, inquam, obtines, (intelligo quid loquar), acerbissimo luctu redundaret ista victoria. Quam multi enim essent de victoribus, qui te crudelem esse vellent, quum etiam de victis reperiantur? quam multi, qui, quum a te nemini ignosci vellent, impedirent clementiam tuam, quum etiam ii quibus ipse ignovisti, nolint te in alios esse misericordem?

Que César doit être flatté de voir qu'on regarde sa clémence non seulement comme une vertu personnelle, mais comme une résolution persévérante et courageuse, tous les jours attaquée par ceux qui l'environnent! Voudrait-il avouer qu'il cède enfin aujourd'hui à la noire malice de Tubéron?

Quelle horreur déjà celui-ci doit inspirer! Cependant Cicéron n'a cessé de le poursuivre, que pour faire ressortir plus vivement sa haine par la peinture de l'humanité de César: il revient maintenant à la charge; il réunit tous les griefs pour achever de l'accabler de l'exécration universelle; il fait une nouvelle supposition pour découvrir toute sa méchanceté; il rappelle qu'il n'est pas moins coupable que celui qu'il accuse; il lui montre la haine poussée jusqu'à l'absurde; il le convainc d'inhumanité, de férocité; il le dégrade; il l'avilit; il lui refuse la qualité d'homme; puis il revient à célébrer la douceur de César:

Quod si probare Cæsari possemus in Africa Ligarium omnino non fuisse; si honesto et misericordi mendacio saluti civis calamitosi consultum esse vellemus; tamen hominis non esset, in tanto discrimine et periculo civis, refellere et coarguere nostrum mendacium: et, si esset alicujus, ejus certe non esset, qui in eadem causa et for-

tuna fuisset. Sed tamen aliud est errare Cæsarem nolle,
aliud nolle misereri. Tu diceres : « Cave, Cæsar, credas ;
» fuit in Africa Ligarius ; tulit arma contra te. » Nunc quid
dicis? « Cave ignoscas. » Hæc nec hominis, nec ad hominem
vox est : qua qui apud te, C. Cæsar, utetur, suam citius
abjiciet humanitatem, quam extorquebit tuam.

La forme dialoguée que l'orateur a introduite dans toute
cette attaque, répand la variété, nourrit l'intérêt, et lui
sert à lancer ses traits avec plus de force. Nous le verrons
encore tout–à–l'heure en faire le même usage, et prendre
son adversaire corps à corps après l'avoir harcelé et affaibli.

QUATRIÈME MOYEN.

EXAGÉRATION DANS LA QUALIFICATION DE LA FAUTE.

L'exagération de la faute de Ligarius est une suite et une
nouvelle preuve de la haine de Tubéron. La continuité du
discours n'est donc point encore interrompue.

Ici, les preuves de l'orateur sont bien faibles, et la discussion dans laquelle il doit entrer est bien épineuse ; mais
dans la disposition où sont actuellement les esprits, ils
plaignent l'accusé, détestent ses ennemis et favorisent le
défenseur. Celui-ci profite de ses avantages, et sans abandonner l'offensive qui peut seule soutenir sa cause, il entreprend de défendre son client, d'atténuer et d'excuser sa
faute. Il énumère toutes les expressions dont on s'est servi
pour qualifier la cause qu'a embrassée Ligarius. Tubéron
seul lui donne le nom de crime : si l'orateur cherche une
dénomination raisonnable, il n'en trouve point d'autre que
celle de malheur inévitable, d'influence fatale et surnaturelle. Employer le mot de crime, c'est outrager les mânes
de Pompée, c'est contredire César qui ne s'est jamais servi
d'une expression semblable, c'est l'accuser d'avoir voulu
traiter avec des scélérats, c'est anéantir le prix de ses bien-

faits et la valeur de sa clémence ; c'est enfin poursuivre le malheureux plutôt que le coupable, car on pouvait alors confondre la bonne avec la mauvaise cause. Cette dernière raison est la plus forte, c'est même la seule qui soit solide; mais par combien de ménagemens et de précautions il a fallu passer avant de pouvoir la montrer ! L'orateur glisse assez légèrement sur les autres; il les resserre, il les unit, il les enveloppe en faisceau, et les présente avec tant de confiance, de finesse et d'insinuation, qu'il parvient à les faire recevoir et approuver.

Il s'étonne d'abord d'avoir entendu prononcer le mot de crime ; il demande au juge s'il n'en a point été lui-même étonné ; il met ensuite en regard de cette expression si dure et si fausse, toutes celles dont les hommes du parti contraire à son client se sont servi pour qualifier la faute de ceux qui ont suivi la même cause :

VI. Ac primus aditus et postulatio (*) *Tuberonis hæc, ut opinor, fuit, velle se de Q. Ligarii scelere dicere. Non dubito quin admiratus sis, vel quod nullo alio quisquam, vel quod is qui in eadem causa fuisset, vel quidnam novi facinoris afferret. Scelus tu illud vocas, Tubero? cur? isto enim nomine illa adhuc causa caruit: alii errorem appellant, alii timorem ; qui durius, spem, cupiditatem, odium, pertinaciam; qui gravissime, temeritatem :* SCELUS, *præter te, adhuc nemo.*

La qualification de la conduite de Ligarius est exagérée; mais il fallait énoncer son vrai nom, et c'était s'engager dans une discussion délicate. L'orateur évite cet écueil avec beaucoup d'adresse; il attribue les troubles civils à l'in-

---

(1) Pour intenter une accusation, il fallait avoir obtenu l'aveu du magistrat. L'accusateur jurait qu'il ne suivait que l'impulsion de sa conscience, et qu'il agissait d'après sa conviction intime. Alors il présentait l'acte d'accusation; cet acte, signé de lui, restait entre les mains du préteur. Il contenait le nom de l'accusé, le délit avec les principales circonstances , et les peines auxquelles il concluait.

surmontable volonté des dieux, à laquelle la faiblesse et l'imprévoyance humaine ont été forcées d'obéir. Cette conclusion, dont la vraisemblance s'appuie sur la croyance à la fatalité si répandue chez les anciens, n'est pas du tout injurieuse à Pompée, et n'a rien que de flatteur pour César, qui devient l'homme de la providence. Mascaron et Fléchier, dans l'oraison funèbre de Turenne, ont imité cette réserve en parlant des troubles de la Fronde.

Ac. mihi quidem, si proprium et verum nomen nostri mali quæratur, fatalis quædam calamitas incidisse videtur, et improvidas hominum mentes occupavisse, ut nemo mirari debeat humana concilia divina necessitate esse superata.

Après avoir placé le dictateur si haut, après l'avoir présenté comme un être supérieur envoyé des dieux pour accomplir les arrêts du destin, il n'a plus à craindre de l'offenser, en venant défendre la cendre de Pompée, et de ceux qui, obéissant en quelque sorte malgré eux à une influence surnaturelle, se sont rangés sous les mêmes drapeaux.

Liceat esse miseros, quanquam hoc victore esse non possumus. Sed non loquor de nobis, de illis loquor qui occiderunt. Fuerint cupidi, fuerint irati, fuerint pertinaces: sceleris vero crimine, furoris, parricidii, liceat Cn. Pompeio mortuo, liceat multis aliis carere.

La considération que méritaient les noms et les familles de tant d'illustres citoyens, le respect qu'on doit à la mémoire des morts, l'indulgence avec laquelle on est porté à juger leur conduite et leurs actions repoussaient bien loin d'eux, bien loin de Ligarius, par conséquent, le nom de scélérats. D'ailleurs, César était obligé d'approuver le langage de Cicéron, lui qui se piquait de grandeur d'ame, lui qui avait répandu des larmes sur le corps sanglant de

Pompée ; aussi, plein d'indignation, l'orateur en appelle au vainqueur lui-même :

Quando hoc quisquam ex te, Cæsar, audivit? aut tua quid aliud arma voluerunt, nisi a te contumeliam propulsare? quid egit tuus ille invictus exercitus, nisi ut suum jus tueretur et dignitatem tuam? Quid? tu, quum pacem esse cupiebas, idne agebas ut tibi cum sceleratis, an ut cum bonis civibus conveniret?

Cicéron qui tout à l'heure a témoigné tant de reconnaissance au vainqueur, va montrer combien il est blessé d'une appellation si injurieuse, en annonçant qu'à ce prix il ne voudrait plus du pardon de César ; afin de produire la même impression sur les anciens partisans de Pompée qui l'écoutent, il affectera de répéter cette expression de scélérats ; il fera sentir au dictateur qu'en offensant l'honneur des citoyens les plus distingués de la république, il va s'en faire autant d'ennemis, et perdre en un seul jour et par un seul arrêt le fruit qu'il pouvait se promettre de toute sa clémence passée :

Mihi vero, Cæsar, tua in me maxima merita tanta certe non viderentur, si me ut sceleratum *à te conservatum putarem. Quomodo autem tu de republica bene meritus esses, si tot* sceleratos *incolumi dignitate esse voluisses?*

Pour échapper à une pareille flétrissure et pour en préserver tant d'hommes illustres, il lui sera bien permis de rappeler tout ce qui peut servir à la justification de ceux qui ont servi le même parti que lui. Il s'appuie en commençant de l'opinion même de César, pour user des termes les plus adoucis, *aberrare, dissidium, secessio.* Ce dernier mot, qui signifie seulement séparation, est le nom qu'on avait autrefois employé pour désigner la retraite du peuple sur le mont sacré.

Secessionem tu illam existimavisti, Cæsar, initio, non bellum : non hostile odium, sed civile dissidium *: utrisque* *cupientibus rempublicam salvam, sed partim consiliis, partim studiis à communi utilitate* aberrantibus. *Principum dignitas erat pœne par, non par fortasse eorum qui sequebantur. Causa tum dubia, quod erat aliquid in utraque parte, quod probari posset :*

Les dernières considérations que fait l'orateur sont un peu hardies, encore qu'elles soient justes et rendues en des termes fort modérées. Il pouvait paraître dur à César de s'entendre dire en face, quoiqu'à mots couverts, que Pompée était revêtu d'une dignité supérieure à la sienne : *Principum dignitas erat pœne par ;* qu'il avait dans son camp les personnages les plus considérables de la république : *Non par fortasse eorum qui sequebantur,* et que chaque parti alléguait en sa faveur des motifs plausibles : *Erat in utraque parte quod probari posset :* ce qui signifie assez dans la bouche de Cicéron qui avait suivi Pompée, que le bon droit était du côté de celui-ci. Pour couvrir cette hardiesse, l'orateur se hâte d'ajouter que la bonne cause est évidemment celle pour laquelle les dieux se sont déclarés, et que la clémence du vainqueur en a fait applaudir le triomphe :

Nunc melior certe ea judicanda est, quam etiam dii adjuverunt.

Cette pensée sent l'adulation ; mais c'est une conséquence de la fatalité dont Cicéron a fait dépendre plus haut la conduite des affaires.

Cognita vero clementia tua, quis non eam victoriam probet, in qua occiderit nemo, nisi armatus ?

Cette bonne opinion qu'on a de César doit le flatter ; mais elle l'oblige à ne pas se démentir.

COMPLÉMENT DU DEUXIÈME MOYEN.

RÉTORSION DE L'ACCUSATION CONTRE L'ACCUSATEUR.

Le défenseur vient d'apporter la raison la plus forte qu'il puisse faire valoir en faveur de son client, pour expliquer son dévouement à Pompée ; mais Tubéron peut répondre que ce n'est pas sur ce point qu'il s'appuie pour accuser Ligarius ; qu'il lui reproche uniquement de s'être obstiné à soutenir le parti vaincu, et à rallumer une nouvelle guerre. Ainsi ce moyen de défense n'étant fondé que sur la confusion de deux époques bien séparées, de deux guerres fort différentes, il tomberait à rien sous une simple distinction qu'il faut éloigner de l'esprit du juge, ou tout au moins de la pensée des auditeurs. L'avocat y a réussi par la rapidité de sa marche, par les généralités dont il s'est enveloppé, par les distractions qu'il a fait naître en rappelant l'histoire des premiers troubles : maintenant, pour empêcher la réflexion qui pourrait suivre, il attire ailleurs l'attention en attaquant de front l'accusateur ; il feint de s'être écarté de son sujet et d'avoir traité la cause commune. Il se garde donc bien de se faire à lui-même l'objection ; mais au cas où elle s'offrirait à la pensée de quelqu'un, elle se trouve indirectement réfutée dans le cours de l'attaque qu'il va livrer à l'accusateur. En effet, que prétend Tubéron ? Que Ligarius est coupable d'être resté en Afrique. Mais lui-même y est venu dans ces circonstances ; il ne pardonne pas à ses compétiteurs de ne l'y avoir pas reçu : et s'il avait pu obtenir le commandement, l'aurait-il livré à César ? ne l'aurait-il pas plutôt armé contre lui ? Il a bien montré ses desseins en se réfugiant dans le parti de Pompée, malgré l'affront qu'on lui avait fait. Tel est l'ordre des pensées que Cicéron va développer.

VII. Sed, ut omittamus communem causam, veniamus ad nostram? utrum tandem existimas facilius fuisse, Tubero, Ligario ex Africa exire, an vobis in Africam non venire?

La réponse de Tubéron ne pouvait être que favorable à Ligarius :

Poteramusne, inquis, quum senatus censuisset?

Aussi l'orateur l'appuie-t-il de tout son pouvoir, mais de manière à donner tout l'avantage à son client.

Si me consulis, nullo modo; sed tamen Ligarium senatus idem ligaverat. Atque ille eo tempore paruit, quum parere senatui necesse erat : vos tum paruistis, quum paruit nemo, qui noluit. Reprehendo igitur ? minime vero : neque enim licuit aliter vestro generi, nomini, familiæ, disciplinæ : sed hoc non concedo, ut, quibus rebus gloriemini in vobis, easdem in aliis reprehendatis.

Pour adoucir ce que ce reproche a d'amer, pour ne paraître point récriminer par animosité, et pour éclipser ce que l'accusation qui va suivre pourrait avoir d'odieux et de suspect, le défenseur excuse lui-même Tubéron; ensuite il rappelle tous les liens qui l'attachent à sa personne :

Tuberonis sors conjecta est ex senatus consulto, quum ipse non adesset, morbo etiam impediretur : statuerat excusare. Hæc ego novi propter omnes necessitudines, quæ mihi sunt cum L. Tuberone : domi una eruditi, militiæ contubernales, post affines, in omni denique vita familiares : magnum etiam vinculum, quod iisdem studiis semper usi sumus. Scio igitur Tuberonem domi manere voluisse : sed ita quidam agebant, ita reipublicæ santissimum nomen opponebant, ut, etiamsi aliter sentiret, verborum tamen ipsorum pondus sustinere non posset.

Tubéron ne voulait pas partir, Cicéron le sait ; mais il était obsédé, et il céda : Ligarius voulait revenir à Rome : n'est-il pas possible qu'il ait été retenu en Afrique par des sollicitations aussi pressantes que celles qui forcèrent Tu-

béron à partir? Ces inductions sont assurément aussi favorables à la défense de l'accusé, et beaucoup moins chan-
ceuses qu'une justification directe. Cicéron les continue,
et toujours sans les exprimer :

Cessit auctoritati amplissimi viri, vel potius paruit.

Tubéron obéit en partant à un grand personnage : Ligarius au sénat.

Una profectus cum iis, quorum erat una causa.

Tubéron se fait suivre dans la route des ennemis de
César : Ligarius accompagne son préteur.

*Tardius iter fecit. Itaque in Africam venit jam occu-
patam. Hinc in Ligarium crimen oritur, vel ira potius.*

Ligarius cède volontiers le commandement dès que la
guerre éclate : Tubéron veut l'obtenir quand les hostilités sont
commencées, et il ne pardonne pas à Ligarius de ne le lui
avoir pas transmis ; voilà même le secret et le premier
motif de l'accusation qu'il intente aujourd'hui à Ligarius
devant César.

Cicéron laisse entrevoir l'inexcusable impudence de l'accusateur qui accuse devant César celui qui l'a empêché de
faire la guerre à César :

*Nam si crimen est ullum voluisse, non minus magnum
est vos Africam, omnium provinciarum arcem, natam ad
bellum contra hanc urbem gerendum, obtinere voluisse,
quam aliquem se maluisse* (*)

Cette circonstance aggravait beaucoup les soupçons sur
les vues hostiles de Tubéron.

*Atque is tamen aliquis Ligarius non fuit. Varus im-
perium se habere dicebat ; fasces certe habebat.*

Il n'y a donc, Tubéron, que le secret dépit d'avoir vu
déjouer vos desseins haineux contre César, qui ait pu vous

(*) Pour sentir la vérité de cette pensée, il suffit de se rappeler les trois
guerres puniques et celle de Jugurtha.

aveugler au point de vous en prendre à Ligarius, dont vous n'avez pas sujet de vous plaindre.

Après avoir affaibli l'accusateur par des traits si multipliés et si perçans, il le poursuit, il le presse, il l'accable:

Sed quoquo modo sese illud habet, hæc querela vestra, Tubero, quid valet? Recepti in provinciam non sumus. Quid si essetis? Cæsarine eam tradituri fuissetis? An contra Cæsarem retenturi?

Cicéron va prétendre devant César que Tubéron ne devait pas livrer la province à César : c'est pousser la hardiesse un peu loin; mais, d'un autre côté, cette confiance de l'avocat fait briller la générosité du vainqueur, et doit flatter sa vanité. L'orateur, qui connaît son faible, en profite, et par une attention continuelle à faire remarquer cette confiance si honorable pour le juge, se ménage la faculté de s'exprimer devant lui avec une entière liberté :

VIII. Vide quid licentiæ, Cæsar, nobis tua liberalitas det, vel potius audaciæ. Si responderit Tubero Africam, quo senatus eum sorsque miserat, tibi patrem suum traditurum fuisse, non dubitabo apud ipsum te, cujus id eum facere interfuit, gravissimis verbis ejus consilium reprehendere: non enim, si tibi ea res grata fuisset, esset etiam probata. Sed jam hoc totum omitto, non tum ut ne offendam tuas patientissimas aures, quam ne Tubero, quod nunquam cogitavit, facturus fuisse videatur. Veniebatis igitur in Africam provinciam, unam ex omnibus huic victoriæ maxime infestam; in quia erat rex potentissimus, inimicus huic causæ, aliena voluntas, conventus firmi atque magni. Quæro, quid facturi fuistis? quanquam quid facturi fueritis non dubitem quum videam, quid feceritis.

Prohibiti estis in provincia vestra pedem ponere, et prohibiti, ut perhibetis, summa cum injuria. Quomodo id tulistis? acceptæ injuriæ querelam ad quem detulistis? nempe ad eum cujus auctoritatem secuti, in societatem belli veneratis. Quod si Cæsaris causa in provinciam veniebatis, ad eum profecto exclusi provincia venissetis: venistis ad Pompeium. Quæ est ergo apud Cæsarem querela, quum eum

accusatis, a quo queramini vos prohibitos contra Cæsa-
rem bellum gerere? Atque in hoc quidem vel cum men-
dacio, si vultis, gloriemini per me licet, vos provinciam
fuisse Cæsari tradituros, si a Varo et quibusdam aliis pro-
hibiti non essetis: ego autem confitebor culpam esse Li-
garii, qui vos tantæ laudis occasione privaverit.

Quand Cicéron a renversé par une si terrible charge
l'accusateur de Ligarius, il appelle sur lui tous les regards;
il l'expose à la risée et aux moqueries de tous les spectateurs. L'ironie dont il le perce est d'autant plus sanglante,
qu'il affecte un ton plus sérieux, et qu'il emprunte le langage de la plus sincère et de la plus vive admiration pour
célébrer sa constance, son admirable patience à souffrir
tous les affronts, sa grandeur d'ame à persévérer dans un
parti dont il est le jouet; il pousse la malice jusqu'à fein-
dre d'employer une précaution oratoire pour louer Tubéron
tout à son aise :

IX. *Sed vide, quæso, C. Cæsar, constantiam orna-*
tissimi viri, L. Tuberonis: quam ego, quamvis ipse proba-
rem, ut probo, tamen non commemorarem, nisi à te
cognovissem in primis eam virtutem solere laudari. Quæ
fuit igitur unquam in ullo homine tanta constantia?
constantiam dico? nescio an melius patientiam possim di-
cere. Quotus enim istud quisque fecisset, ut, a quibus in
dissensione civili non esset receptus, essetque etiam cum
crudelitate rejectus, ad eos ipsos rediret? Magni cujusdam
animi, atque ejus viri est, quem de suscepta causa propo-
sitaque sententia, nulla contumelia, nulla vis, nullum
periculum possit depellere.

Tubéron n'a pas encore essuyé toute la bordée de complimens que lui réserve son zélé panégyriste. Cicéron, son
bon parent, qui admire ses goûts, qui s'intéresse à sa
gloire, qui a été élevé avec lui, Cicéron, son ancien cama-
rade à l'armée, son ami de tous les temps enfin, comme
il l'a dit lui-même, ne le laissera pas aller qu'il ne lui ait
encore donné une de ces marques d'affection qui suivent

d'ordinaire, comme nous l'avons vu, ses étonnantes protestations d'attachement. Voyez, comme, pour faire briller la constance de son jeune ami, il fait valoir les titres qu'il avait au pouvoir, de préférence à Varus! comme il s'apitoie sur l'embarras de Ligarius, qui, chassé de l'Afrique, ne sait plus quel parti prendre! comme il se plaint du peu d'intérêt que Pompée prit à son injure!

Ut enim cetera paria Tuberoni cum Varo fuissent, honos, nobilitas, splendor, ingenium; quæ nequaquam fuerunt: hoc certe præcipuum Tuberonis fuit, quod justo cum imperio ex senatusconsulto in provinciam suam venerat. Hinc prohibitus, non ad Cæsarem, ne iratus; non domum, ne iners; non aliquam in regionem, ne condemnare causam illam, quam secutus esset, videretur; in Macedoniam, in C. Pompeii castra venit, in eam ipsam causam, a qua erat rejectus cum injuria.

Quid? quum ista res nihil commovisset ejus animum ad quem veneratis, languidiore, credo, studio in causa fuistis: tantummodo in præsidiis eratis; animi vero a causa abhorrebant. An, ut fit in civilibus bellis, nec in vobis magis, quam in reliquis, omnes vincendi studio tenebamur?

Le malheureux n'a pu sortir des mains de Cicéron qu'il n'ait été flagellé jusqu'au sang. Il ne lui reste plus qu'une excuse à balbutier: c'est qu'il désirait la paix; mais le défenseur en aura bientôt fait justice; il faut qu'il rende Tubéron muet, il s'accusera plutôt lui-même que de lui laisser un mot à dire; il l'accable enfin du poids de son autorité et de la force de ses affirmations:

Pacis equidem semper auctor fui; sed tum sero: erat enim amentis, quum aciem videres, pacem cogitare. Omnes, inquam, vincere vodebamus; tu certe præcipue, qui in eum locum venisses, ubi tibi esset pereundum, nisi vicisses: quanquam, ut nunc se res habet, non dubito quin hanc salutem anteponas illi victoriæ.

Cette bonne opinion que Cicéron conçoit tout-à-coup

de Ligarius, n'est guère bien fondée : il a eu soin de dire précédemment tout ce qu'il fallait pour la détruire, et pour inspirer à César, sur le compte de son adversaire, les plus véhémens soupçons.

Qu'est devenue maintenant l'accusation du trop présomptueux Tubéron ? Elle est retombée sur lui toute entière : il est bien prouvé qu'il n'est ni moins emporté, ni moins opiniâtre que celui qu'il accuse. De quel côté se tournera-t-il maintenant ? à qui aurait-il recours ? Il est désormais réduit au silence ; odieux au peuple, suspect à César lui-même, il ne lui reste qu'à recevoir le dernier coup. Cicéron le lui porte par un dilemme qui met dans tout son jour l'inconséquence de l'accusateur, et achève de le couvrir de mépris et de ridicule ; il fait ensuite reparaître Ligarius, qu'on avait perdu de vue, et confie son sort à la clémence et à l'humanité de César :

X. Hæc ego non dicerem, Tubero, si aut vos constantiæ vestræ, aut Cæsarem beneficii sui pœtineret. Nunc quæro, utrum vestras injurias, an reipublicæ persequamini. Si reipublicæ, quid de vestra in ea causa perseverantia respondebitis? si vestras, videte ne erretis, qui Cæsarem vestris inimicis iratum fore putetis, quum ignoverit suis. Itaque num tibi videor, Cæsar, in causa Ligarii occupatus esse? num de ejus facto dicere? quidquid dixi, ad unam summam referri volo vel humanitatis, vel clementiæ, vel misericordiæ tuæ.

Ainsi commence la péroraison qui doit assurer la grace de l'accusé.

PÉRORAISON.

Lorsque j'ai rendu compte de la disposition générale du plaidoyer, j'ai distingué trois espèces de motifs, qui forment dans cette péroraison une progression oratoire fort remarquable : l'orateur persuade au juge de pardonner ; il lui en fait un devoir ; il le lui présente comme une nécessité.

1.° MOTIFS DE PERSUASION :

Les motifs de persuasion se tirent de la clémence du

vainqueur, des espérances qu'il a fait naître en pardonnant
à d'autres citoyens, et de la considération que méritent les
intercesseurs. Il ne faut pas craindre de pousser l'analyse
jusqu'à une sorte de dissection, si j'ose ainsi parler, dans
la partie du discours où les jeunes gens sont disposés à
croire que l'orateur n'a obéi qu'au mouvement intérieur
de son ame, parce qu'il a, surtout ici, un soin particulier
de cacher ses batteries et de couvrir sa route, pour s'in-
sinuer dans les cœurs sans éveiller l'attention.

Cicéron, avec une confiance sans égale, livre Ligarius à
la clémence de César; et pour intéresser la vanité du vain—
queur, en implorant sa bonté, il met en opposition le
langage qu'il emploie, c'est-à-dire celui d'un fils tendre et
soumis qui se jette entre les bras de son père en avouant
sa faute, avec les paroles circonspectes qu'on adresse à un
juge. Pour le lui faire sentir, il invoque son expérience au
barreau. Il saisit avec empressement l'occasion qu'il ren—
contre de lui parler des années de leur jeunesse, de l'in-
-timité qui les unissait, de l'associer à sa gloire d'orateur,
en lui rappelant les succès qu'il avait obtenus dès son début
dans la carrière de l'éloquence. Ces souvenirs si agréables et
si flatteurs doivent charmer l'ame généreuse et fière du
dictateur.

Causas, Cæsar, egi multas, et quidem tecum (*), *dum
te in foro tenuit ratio honorum tuorum: certe nunquam
hoc modo:* « *Ignoscite, judices: erravit: lapsus est: non
« putavit: si unquam posthac.* » *Ad parentem sic agi*

Clémence
de César.

(*) Dès l'âge de 21 ans, César s'était fait une réputation d'éloquence en
accusant l'ancien consul Dolabella. Quintilien parlant des talens ora—
toires du vainqueur des Gaules, confirme le jugement de Cicéron. Voici
comme il s'exprime: « C. Cæsar, si foro tantum vacasset, non alius in
» nostris contra Ciceronem nominaretur. Tanta in eo vis est, id acumen,
» ea concitatio, ut illum eodem animo dixisse, quo bellavit, appareat. »
Quintil. lib. x, cap. 1.

solet. Ad judices : « Non fecit, non cogitavit, fasil testes,
« fictum crimen. »

    Dic, te, Cæsar, de facto Ligarii judicem esse : quibus in
præsidiis fuerit quære. Taceo. Ne hæc quidem colligo, quæ
fortasse valerent etiam apud judicem. Legatus ante bellum
profectus, relictus in pace, bello oppressus, in eo ipso non
acerbus, tum etiam totus animo et studio tuus. Ad ju-
dicem sic agi solet; sed ego ad parentem loquor: Erravi;
temere feci; pœnitet; ad clementiam tuam confugio;
delicti veniam peto; ut ignoscas oro.

<table><tr><td>Espérance
qu'il a donné
lieu
de concevoir.</td><td>

Le deuxième motif se lie facilement au premier dont il
est une dépendance :

</td></tr></table>

    Si nemo impetravit, arroganter: si plurimi, tu idem
fer opem, qui spem dedisti.

Cette simplicité touchante, cet abandon de style, cette
harmonie brisée, sont le langage naturel de la douleur et
du repentir. Quelle douceur et quel charme, surtout dans
cette phrase, où la voix est invitée à tomber continuelle-
ment sur des finales sourdes ou monotones! *Erravi;...*
temere feci;... pœnitet;... ad clementiam tuam confu-
gio;..... delicti veniam peto;.... ut ignoscas oro.... C'est
un fils qui gémit devant un tendre père.

Cicéron achève le développement de ce motif, en fesant
admirer dans sa personne un exemple frappant de la clémence de César, et il en tire la transition qui le conduit au
troisième motif:

    An sperandi Ligario causa non sit, quum mihi apud
te sit locus etiam pro altero deprecandi? quamquam ne-
que in hac oratione spes est posita causæ, nec in eorum
studiis, qui à te pro Ligario petunt, tui necessarii.

Un des plus grands obstacles à la persuasion, c'est
l'amour-propre du juge, qui ne veut pas avouer sa défaite
en cédant à l'éloquence de l'avocat, et paraître obéir à
une autre puissance que sa raison. Cicéron ménage la susceptibilité de César sur ce point: elle devait être grande,

dans cette cause surtout, et devant un tel orateur. De plus, après avoir accordé tant de graces, écouté tant d'intercessions, il pouvait craindre de perdre le mérite de sa clémence, et de porter à abuser de sa bonté, en donnant lieu de croire que sa facilité à pardonner ne provenait que d'une faiblesse de caractère. L'orateur s'applique d'abord à détruire cette mauvaise disposition :

XI. Vidi enim et cognovi, quid maxime spectares, quum pro alicujus salute multi laborarent; causas apud te rogantium gratiosiores esse, quam vultus; neque te spectare, quam tuus esset necessarius is qui te oraret, sed quam illius, pro quo laboraret. Itaque tribuis tu quidem tuis ita multa, ut mihi beatiores illi esse videantur interdum qui tua liberalite fruuntur, quam tu ipse, qui illis tam multa concedis. Sed video tamen apud te causas, ut dixi, rogantium valere plus, quam preces: ab iisque te moveri maxime, quorum justissimum dolorem videas in petendo.

Après ces précautions qui indiquent aux jeunes candidats du barreau, avec quelle délicatesse et quels ménagemens il convient de faire valoir des supplications, Cicéron fait paraître, pour demander la grace de Ligarius, un nombreux cortége d'illustres citoyens dont il a soin de relever la qualité, et de montrer les titres à la considération du vainqueur. A tant d'hommes recommandables par leur nom, leur fortune, leur position sociale, et leurs anciens services, succèdent les frères de l'accusé, plongés dans la tristesse, et suivis à leur tour des amis et des anciens partisans de César, viennent en longs habits de deuil présenter leurs prières au dictateur. La progression du sentiment est sensible. Ajoutons que les convenances sont parfaitement observées dans la peinture du caractère des différens personnages : on voit au ton de noblesse et de dignité qui règne dans les paroles de l'orateur, qu'il présente l'intercession des grands de l'état; aux sollicitations plus pressantes, aux mouvemens plus pathétiques, à la prière plus soumise, au plus grand épanchement de cœur, on sent que des frères supplient pour leur frère :

In Q. Ligario conservando multis tu quidem gratum facies necessariis tuis : sed hoc, quæso, considera, quod soles. Possum fortissimos viros, Sabinos, tibi probatissimos, totumque agrum Sabinum, florem Italiæ ac robur reipublicæ, proponere. Nosti optime homines : animadverte horum omnium mæstitiam et dolorem : hujus T. Brocchi, de quo non dubito quid existimes : lacrymas squaloremque ipsius et filii vides. Quid de fratribus dicam? Noli, Cæsar, putare de unius capite nos agere. Aut tres tibi Ligarii retinendi in civitate sunt, aut tres ex civitate exterminandi. Quodvis exsilium his est optatius, quam patria, quam domus, quam dii penates, uno illo exsulante. Si fraterne, si pie, si cùm dolore faciunt, moveant te horum lacrymæ, moveat pietas, moveat germanitas. Valeat tua vox illa, quæ vicit : te enim dicere audiebamus, nos omnes adversarios putare, nisi qui nobiscum essent ; te omnes, qui contra te non essent, tuos. Videsne igitur hunc splendorem, omnem hanc Brocchorum domum, hunc L. Marcium, C. Cæsetium, L. Corfidium, hosce omnes equites romanos qui adsunt, veste mutata, non solum notos tibi, verum etiam probatos viros, tecum fuisse? Atque his irascebamur, hos requirebamus, et his nonnulli etiam minabamur. Conserva igitur tuis suos, ut, quemadmodum cetera quæ dicta sunt a te, sic hoc verissimum reperiatur.

Le vainqueur pourrait-il refuser le pardon qu'on sollicite, sans trahir son caractère et les inclinations de son cœur, sans se démentir lui-même?

2.º MOTIFS D'OBLIGATION.

Des sollicitations si touchantes sont bientôt soutenues par des motifs plus puissans et plus impérieux, la justice et la reconnaissance.

Quelque précaution qu'eût prise l'orateur pour ménager l'amour-propre du juge, et faire valoir devant lui les prières des amis de son client, il est facile de concevoir que César devait désirer qu'on lui présentât des raisons plus solides, plus capables de colorer sa nouvelle détermination, et de onder l'arrêt d'absolution qu'il pouvait consentir à prononcer, pourvu qu'il ne parût point tout-à-fait l'accorder à la faveur, et surtout à l'éloquence. Cicéron, si l'on veut admettre qu'il ait eu cette pensée, le délivre de cet embarras en lui représentant d'abord les circonstances qui excusent Ligarius, ensuite les services de ses frères.

S'il ne lui est pas possible d'établir l'innocence de l'accusé, il fait retomber toute la faute sur le malheur de son éloignement. Cette pensée qu'il a déjà eu occasion de traiter, se reproduit encore comme une des plus capables de faire impression sur le juge, mais elle reparaît sous une forme toute nouvelle.

Justice.

XII. Quod si penitus perspicere posses concordiam Ligariorum, omnes fratres tecum judicares fuisse. An potest quisquam dubitare, quin, si Q. Ligarius in Italia esse potuisset, in eadem sententia futurus fuerit in qua fratres fuerunt? Quis est, qui horum consensum conspirantem et pene conflatum, in hac prope æqualitate fraterna, non noverit? Qui hoc non sentiat, quidvis prius futurum fuisse, quam ut hi fratres diversas sententias fortunasque sequerentur? Voluntate igitur omnes tecum fuerunt: tempestate abreptus est unus, qui, si consilio id fecisset, esset eorum similis, quos tu tamen salvos esse voluisti.

César pourrait-il condamner un citoyen qui eût marché sous ses étendards s'il n'eût été entraîné par la tempête? pourrait-il plonger dans une douleur éternelle des frères dont la volonté est une et l'amour sans exemple? Et Ligarius fût-il coupable, pourrait-il lui refuser un pardon qu'implorent des hommes qui se sont déclarés pour sa cause dans les conjonctures les plus critiques?

C'est la transition du premier motif au second :

Sed ierit ad bellum; discesserit non a te solum, verum *Reconnaissance* *etiam à fratribus: hi te orant tui. Equidem, quum tuis omnibus negotiis interessem, memoria teneo qualis T. Ligarius quæstor urbanus fuerit erga te et dignitatem tuam. Sed parum est me hoc meminisse; spero etiam te, qui oblivisci nihil soles nisi injurias, quoniam hoc est animi,*

quoniam etiam ingenii tui, te aliquid de hujus illo quæs-
torio officio cogitantem, etiam de aliis quibusdam quæs-
toribus reminiscentem recordari.

Au commencement de la guerre civile, César manquant de fonds enleva du trésor public quinze mille barres d'or, trente-cinq mille d'argent, et quarante millions de sesterces (neuf millions de notre monnaie). Comme le tribun Métellus et les questeurs lui refusaient les clés du trésor, il en fit enfoncer les portes. Il paraît que T. Ligarius se prêta à cette violence. Cicéron n'a garde de la rappeler en citant le fait; il n'en parle qu'à mots couverts : *Memoria teneo qualis T. Ligarius quæstor urbanus fuerit erga te et dignitatem tuam ;* il se contente de mettre en opposition la conduite des autres questeurs avec celle de T. Ligarius : *Spero te... de aliis quibusdam quæstoribus reminiscentem,* etc. Quelle réserve et quelle délicatesse d'expression pour rappeler à César le devoir de la gratitude! Ce n'est qu'en louant sa clémence et sa générosité qu'il lui fait sentir cette obligation : *spero etiam te, qui oblivisci nihil soles, nisi injurias,* etc. L'indication est assez claire.

Mais pour que ce service ait de la valeur, il faut qu'il soit désintéressé; et pour que T. Ligarius n'en perde pas le mérite, il ne doit pas en réclamer le salaire :

Hic igitur T. Ligarius, qui tum nihil egit aliud (neque enim hæc divinabat) nisi ut tu eum tui studiosum, et bonum virum judicares, nunc a te supplex fratris salutem petit.

Il ne se prévaut pas de ses droits; il se présente en suppliant; mais il marche à la tête du nombreux cortége que Cicéron fait reparaître de nouveau. Au nom de tous, le sauveur de Rome, le père de la patrie présente lui-même la supplique; et bientôt il élève la voix pour exprimer les vœux de l'unanime concours des citoyens qui les accompagne.

2.ᵉ MOTIF DE NÉCESSITÉ. C'est ici que commence ce motif si fort et si pressant que j'ai cru devoir mettre dans une classe à part, pour le faire mieux remarquer, et que j'appelle un motif de nécessité, parce qu'il enchaîne véritablement César, et le contraint d'agir selon les vues de l'orateur. Le dictateur avait besoin de plaire à la multitude pour se soutenir devant le sénat, où il comptait un grand nombre d'anciens partisans de Pompée, beaucoup d'hommes qui s'étaient compromis dans cette cause. Il voulait passer pour être le patron du peuple: Cicéron profite de la position du juge. Il met ces deux ordres en présence, et il expose César à perdre en un moment toute sa popularité, s'il n'accorde Ligarius au peuple, après avoir accordé Marcellus au sénat. Mais il cache la menace sous les formes modestes de la supplication : il félicite le dictateur de son amour pour le peuple, de la propension naturelle de son cœur à la bonté; il lui rappelle le beau jour où il rendit Marcellus à la république, l'allégresse qu'il excita, la joie qu'il ressentit. Comment ne pas désirer le retour de pareilles fêtes ! et comment se priver de tant de gloire et de jouissance lorsqu'on ne le peut sans danger !

Quam, hujus admonitus officio, quum utrisque his dederis, tres fratres optimos et integerrimos, non solum sibi ipsos, neque his tot ac talibus viris, neque nobis necessariis suis, sed etiam reipublicæ condonaveris. Fac igitur, quod de homine nobilissimo et clarissimo, M. Marcello, fecisti nuper in curia, nunc idem in foro de optimis et huic omni frequentiæ probatissimis fratribus. Ut concessisti illum senatui, sic da hunc populo, cujus voluntatem carissimam semper habuisti; et, si ille dies tibi gloriosissimus, populo romano gratissimus fuit, noli, obsecro, dubitare, C. Cæsar, similem illi gloriæ laudem quam sœpissime quærere. Nihil est enim tam populare, quam bonitas : nulla de virtutibus tuis plurimis nec admirabilior, nec gratior misericordia est.

Avant de finir, l'orateur adoucit et relève par des motifs encore plus dignes de César ce que les autres pouvaient avoir de trop rude ou de moins noble, il l'enivre pour l'entraîner où il lui plaît.

Homines enim ad deos nullā re propiùs accedunt, quam salutem hominibus dando. Nihil habet nec fortuna tua majus, quam ut possis ; niec natura tua meliùs, quam ut velis servare quam plurimos.

« C'est, dit La Harpe, renfermer en deux lignes, avec autant de noblesse que de précision, le résultat le plus riche, le plus étendu, le plus moral de la puissance et de la bonté. »

Enfin Cicéron termine son discours en insinuant à César qu'il va perdre sa réputation de clémence et peut-être sa popularité, s'il ne répond à l'attente générale par une sentence d'absolution ; mais il déguise cet avertissement sous les formes d'une confiance illimitée en sa clémence :

Longiorem orationem causa forsitan postulat ; tuā certe natura breviorem. Quare, quum utiliùs esse arbitrer te ipsum, quam aut me, aut quemquam, loqui tecum, finem jam faciam. Tantum te admonebo, si illi absenti salutem dederis, præsentibus his omnibus te daturum.

Les affections les plus tendres et les plus fortes, les liens de famille, l'amitié, l'amour et la reconnaissance le cédaient chez les anciens Romains au dévouement à la patrie. L'indomptable Ligarius avait conservé ce caractère. Rentré dans Rome il se lia si intimement avec Brutus, qu'il devint un de ses principaux confidens dans la conjuration contre César. Il tomba malade vers le temps de l'exécution. Brutus lui rendit visite, et se plaignit d'un si fâcheux contre-temps. Ligarius se releva sur son lit, et le prenant par la main : « Parlez, Brutus, lui dit-il, et si vous avez à me proposer quelque action digne de vous, je me porte bien. » Il répondit à la confiance de Brutus, et fut un des meurtriers de son bienfaiteur.